Konrad Adam · Die deutsche Bildungsmisere

Konrad Adam

Die deutsche Bildungsmisere

PISA und die Folgen

Propyläen

Propyläen Verlag

Lektorat: Birte Meyer
Satz: Utesch GmbH, Hamburg
Druck und Verarbeitung: GGP Media, Pößneck
ISBN 3 549 07166 3
Printed in Germany 2002

Inhalt

Vorwort

Jeder neue Erzieher wirkt weniger ein als der vorige,
bis zuletzt, wenn man das ganze Leben als eine
Erziehungsanstalt nimmt, ein Weltumsegler von
allen Völkern zusammengenommen nicht so viel
Bildung bekommt als von seiner Amme.
Jean Paul

Es ist noch gar nicht lange her, da galten die deutschen Schulen und Hochschulen als vorbildlich für die ganze Welt. Amerikanische Universitäten hielten sich an das, was Wilhelm von Humboldt in seinen Denkschriften über den Aufbau der höheren Bildungsanstalten in Preußen bemerkt und empfohlen hatte. Zahlreiche Länder kopierten das deutsche Schulsystem, zumal sein Kernstück, das Gymnasium. Der Kindergarten, dem Wort und der Sache nach eine Erfindung Friedrich Fröbels, gab den Maßstab ab für die Vorschulerziehung in aller Herren Länder; bis heute ist »Kindergarten« einer der wenigen deutschen Begriffe, die überall auf der Welt verstanden werden. Vom ersten nationalen Aufbruch an, vom Neuanfang in den napoleonischen Befreiungskriegen, bis zum vorerst letzten, der Bildungsreform in den sechziger und siebziger Jahren, über einen Zeitraum von eineinhalb Jahrhunderten also, haben die deutschen Bildungsanstalten allgemein Ansehen genossen. Erst kürzlich hat das ein Mitarbeiter der Organisation für wirtschaftliche Zusammenarbeit und Entwicklung dem internationalen Gremium, das Deutschland seinen PISA-Schock verpasste, bestätigt. Noch vor vierzig Jahren hätte das deutsche Bildungswesen bei einem derartigen Vergleich die Spitze gehalten, so der Mitarbeiter, während es jetzt, nur eine Generation später, weit abgeschlagen auf einem der hinteren Plätze liegen blieb, irgendwo zwischen Belgien und Mexiko.

Wo mag der Grund dafür zu suchen sein, und vor allem: Was wäre dagegen zu tun? Die Erinnerung an den gewaltigen Umbau der deutschen Bildungslandschaft, der in den sechziger Jahren einsetzte und in den Siebzigern seinen Höhepunkt erreichte, liegt nahe, führt allerdings fürs Erste nicht viel weiter, weil jeder, der die Reform für misslungen erklärt, mit dem Einwand rechnen muss, sie sei ja auch zu spät, zu langsam und zu unentschlossen angepackt worden. Nicht die Idee sei schlecht gewesen – Ideen sind in Deutschland niemals schlecht –, sondern der Wankelmut und die Halbherzigkeit, mit der sie umgesetzt wurde. Immerhin herrscht Einigkeit darüber, dass ein großer Einsatz kläglich vertan worden ist, und das ist schon ein Fortschritt. Denn bisher stieß die Vermutung, der forcierte Ausbau, ablesbar an den bis auf vierzig oder fünfzig Prozent eines Altersjahrgangs angeschwollenen Abiturientenquoten, könnte mit einem Niveauverlust erkauft worden sein, auf die einförmig wiederholte Antwort, dass ein solcher nicht nachgewiesen sei. Nun ist er nachgewiesen, nach allen Regeln der empirischen Sozialforschung erhoben, ausgewertet und belegt. Die Diskussion kann endlich ein paar Schritte weitergehen.

Bevor die streitbefangenen Parteien übereinander herfallen, zunächst noch eine Erinnerung an das, was PISA erhoben hat und was nicht. Ein kurzer Blick in den Bericht genügt, um zu erkennen, dass sich die Studie auf elementares Wissen und alltägliche Fertigkeiten, auf so genannte Basiskompetenzen beschränkt. Das ist viel und wenig zugleich, weil ja die Konzentration aufs Handfeste und Brauchbare das Spielerische, das frei Verfügbare, das

Übernützliche, wie Thomas Mann es einmal genannt hat, außer Acht lässt. Kennzeichnend für ihr Vorgehen sei »die funktionale Sicht auf Kompetenzen als basale Kulturwerkzeuge«, heben die Verfasser selbst hervor. Was zählt, ist abfragbares, praktisch anwendbares, fachlich isoliertes Wissen: also gerade das nicht, was nach deutscher Tradition als Merkmal für Bildung gilt. Originalität und Kombinationsvermögen, der Rückgriff auf Abgelegenes, das Denken in Zusammenhängen und Strukturen, all das kommt in der Studie kaum vor. Wenn Bildung geordnetes und bedeutsames Wissen ist, dann spielte Bildung bei der PISA-Untersuchung keine Rolle. Zurückdenken und Vorausdenken, Erinnern und Entwerfen wie überhaupt alles, was ein fundiertes Urteil verlangt, stand nicht auf dem Programm. Es fehlte also das, was das unscharfe Wort Bildung ähnlichen oder verwandten Begriffen voraushat. Wörter wie Schulung, Training oder Wissen würden das, worum es bei PISA ging, viel besser treffen als das pompöse deutsche Wort Bildung, das immer etwas Ganzheitliches an sich hat. Man spricht vom gebildeten Menschen, aber von einem wissenden Kopf, von der geschulten Hand oder vom trainierten Körper. Und jeder dieser Ausdrücke lässt an etwas anderes denken.

Das ist kein Einwand gegen PISA; bei einem international angelegten Vergleich kann es gar nicht anders zugehen. Er muss kulturell fair sein, und das bedeutet fast so viel wie: frei von Kultur. Um niemanden zu benachteiligen oder gar auszuschließen, muss er sich auf das beschränken, was am Nordkap genauso viel gilt wie am Äquator und überall gleich gut verfügbar sein sollte, auf die erwähnten Basiskompetenzen also. Die schließen alles Typische und Charakteristische, die vielen schönen Dinge, die man genießen, aber nur selten anwenden und nie verkaufen kann und die man deshalb als Kultur bezeichnet, definitionsgemäß aus. Aus dieser Sicht sind Mozart und Vivaldi, Shakespeare und Kleist, Euripides und Tolstoi, Vermeer und Cézanne nichts anderes als tote, weiße Männer. Und damit eben nichts für PISA, wo alle Kulturen gleiche Chancen haben müssen. Schon das sollte davor bewahren, das Untersuchungsergebnis zu hoch einzuschätzen. Es erzählt etwas über die Voraussetzungen von Bildung, aber wenig über diese selbst. Wer an einem anspruchsvollen, also nicht schrankenlos erweiterten Kulturbegriff festhalten will, wird PISA interessant, aber nicht maßgeblich finden.

Dieser Vorbehalt gilt für alles, was in den folgenden Kapiteln gesagt wird, im Guten wie im Bösen. Der Gesichtspunkt, unter dem das deutsche Bildungswesen auf seinen verschiedenen Ebenen durchmustert werden soll, ist eine etwas altfränkische Vorstellung von Bildung und Erziehung. Dass die Darstellung mit der Universität beginnt und bei der Vorschule, der Familie und den Eltern endet, ist als Steigerung zu verstehen, als eine bewusste Klimax. Es ist Ausdruck einer durch die modernen Naturwissenschaften vielfach bestätigten Überzeugung, dass alles Entscheidende in den ersten Lebensjahren passiert. Das Interesse, die Aufgeschlossenheit, um nicht zu sagen: die Liebe zu kulturellen Dingen wie Sprache und Musik bildet sich früh heraus, früh oder nie. Dazu steht nicht in Widerspruch, dass der höheren Schule, obwohl sie ziemlich spät beginnt, im Folgenden besonderes Gewicht zuerkannt wird. Denn von den öffentlichen Einrichtungen, die Einfluss nehmen auf die Bildung, ist das Gymnasium mit Abstand die wichtigste. Zwischen der Grundschule, die mit den Kulturtechniken vertraut macht, und der Universität, auf der man sich für den Beruf vorbereitet, ist die höhere Schule für viele der erste, manchmal wohl auch der letzte Ort, an dem Heranwachsende das Vergnügen kennen lernen, das die Lektüre, das Musizieren, der Besuch von Museen, Theatern und Konzerthäusern bereiten können – und wo sie erfahren, dass sich dergleichen auch dann lohnt, wenn es für die Karriere nichts bringt.

Getragen wird die Darstellung von der Überzeugung, dass es der Aufwand, den man zum Zweck von Bildung treibt, nicht nötig hat, sich mit irgendwelchen anderen Gründen zu rechtfertigen. Im ewigen Streit zwischen den Bildungsökonomen, die danach fragen, wozu Bildung gut sei, und den Bildungsautonomen, die solche Fragen für überflüssig halten, weil sie die Bildung selbst als etwas Gutes betrachten, schlägt sie sich eindeutig auf die Seite der Letzteren. Deswegen liegt der Schwerpunkt nicht auf dem funktionalen Aspekt, dem die Verwalter und die Personalentwickler so viel Gewicht beimessen, sondern auf dem, was Bildung inhaltlich bedeutet oder doch bedeuten kann. Dass es die Inhalte sind, die über den Erfolg von Schule und von Unterricht entscheiden, wird immer wieder verkündet; am lautesten von denen allerdings, die über diese Inhalte nichts sagen können oder wollen. Wer sich nicht zu der albernen Behauptung verstehen will, alle Fächer und alle Gegenstände seien gleich, muss etwas zu den Fächern und den Gegenständen sagen. Die lakonische Auskunft der PISA-Verantwortlichen, ein Kerncurriculum lasse sich »auf der Ebene von Themen, Fächern oder gar Problemen« nicht beschreiben, mag ja richtig sein, dennoch ist sie unbefriedigend, weil sie zum Wesentlichen schweigt. Wer das nicht will, muss zu dem, was wissenschaftlich offenbar unmöglich ist, auf eigene Gefahr etwas beitragen. Ohne den Ehrgeiz, ein Kerncurriculum entwerfen zu wollen, das wissenschaftlichen Ansprüchen genügt, ist man ja frei, zu Themen, Fächern und Problemen Stellung zu nehmen.

Das geschieht, betont subjektiv, für die Fächer Geschichte, Biologie, Musik und, stellvertretend für alle anderen Sprachen, Griechisch. Diese Auswahl steht für die vier Arten von Welterfahrung, die Wilhelm von Humboldt in seinen Schulplänen als die historische, die mathematische, die ästhetische und die linguistische beschrieben hat. Die Wahl fiel ganz bewusst auf Fächer, die nicht im Zentrum des Lehrplans stehen, weil die Hauptfächer in Gestalt von Deutsch, Mathematik und modernen Fremdsprachen einigermaßen unumstritten sind. Das Griechische als Fach, für das sich nur noch wenige begeistern, soll daran erinnern, dass Kultur etwas mit Tradition zu tun hat und dass Traditionsbewusstsein eine Sache von Minderheiten ist. Auf diese Minderheiten wird es wahrscheinlich ankommen, wenn der dünne Faden, an dem die Überlieferung hängt, nicht reißen soll. In Bremen, wo man das Griechische, weil angeblich zu elitär, weitgehend ausgerottet hat, ist dieser Faden offenbar gerissen. Mit welchen Folgen, ist mit der PISA-Studie, in der Bremen im Ländervergleich an letzter Stelle steht, etwas klarer geworden.

Das Werben für die ästhetische Erziehung, für Kunst, Musik und alte Sprachen, muss sich auf die Frage gefasst machen, ob so viel Luxus denn vertretbar sei in einer Zeit, in der die Stundenpläne sowieso schon überquellen? Ob man nicht Platz machen müsse für die neuen Größen, für technisches Verfügungswissen und Computer Literacy? Ob das Opfer von ein paar schönen Spielereien nicht ein angemessener Preis für die Fähigkeit sei, sich im Beruf zurechtzufinden? Die Antwort heißt, dass das die falschen Fragen sind. Gerade dann, wenn das Gelernte schnell veraltet, ist man mit der Empfehlung, möglichst viel an möglichst wenig zu lernen, auf der sicheren Seite. Humboldts Ansicht, dass man, um ein erfülltes Leben zu führen, im Grunde nicht mehr brauche als Griechisch und Mathematik, werden sich heute wohl nur noch wenige anschließen. Sie werden aber kaum widersprechen, wenn man auf die Geschwindigkeit, in der das Wissen altert und schließlich obsolet wird, mit dem Ratschlag reagiert, sich auf das Wesentliche zu konzentrieren. Das hieße dann: Kultursprachen statt Programmiersprachen, Biologie statt Gesundheitslehre, Wirtschaftsgeschichte statt Konsumentenerziehung und so weiter.

In den Lehrplänen dafür Platz zu finden, ist gar nicht so schwer. Manches von dem, was früher Sache der Schule war, wird heute nämlich anders, aber keinesfalls schlechter gelernt als im Unterricht. Viele Lehrer und die meisten Eltern halten Computerkurse nur deshalb für dringlich, weil sie selbst Schwierigkeiten mit der neuen Technik haben; Kinder lernen so etwas nebenher, eigentlich gar nicht, weil sie es nicht als Anstrengung empfinden und ihnen dieser Stoff gewissermaßen von selbst zufällt. Für die modernen Fremdsprachen, an erster Stelle für Englisch und Französisch, gilt Ähnliches. Sie werden von einer wachsenden Zahl der Kinder während eines Gastaufenthalts im Ausland gelernt, schneller und meistens auch besser als im jahrelangen Unterricht an einer deutschen Schule. Das schafft Erleichterung und Entlastung im Stundenplan, und diese Chance sollte die Schule nutzen. Der Spielraum für all die schönen, nicht unmittelbar nützlichen Aktivitäten, von denen die Effektivitätsanwälte nichts wissen oder nichts halten, öffnet sich dann von selbst. Nachdem die deutsche Schule so überaus erfolgreich war bei dem Versuch, ihren Schülern möglichst wenig an möglichst viel beizubringen, könnte sie nun doch einmal den umgekehrten Weg gehen. Vielleicht führt er ja weiter.

»1980 – dumm wie ein Deutscher?« hieß eine der Parolen, unter denen die aufsässigen Studenten Anfang der siebziger Jahre durch die Straßen gezogen sind. Die Frage fand Aufmerksamkeit, wurde aufgegriffen und beantwortet; leider falsch, wie man seit PISA etwas besser weiß. Auch wenn man einräumt, dass die Studie vieles, was an deutschen Schulen vermittelt wird, gar nicht erfassen kann und will, ist das Ergebnis deprimierend. Die Grenzen des Konzepts sind ja auch seine Stärken: Basiskompetenzen stellen tatsächlich nur die Basis dar; ohne diese Basis wird allerdings kein weiterer Schritt gelingen, ist Bildung in einem anspruchsvolleren Sinne überhaupt nicht möglich.

Vor allem deshalb ist die Reaktion der Verlierer so enttäuschend. Sie wollen nicht wahrhaben, dass es in Deutschland beträchtliche Unterschiede gibt und dass die einen von den anderen etwas lernen können. Eindeutige Verlierer sind diejenigen Bundesländer, die den Reformern am weitesten entgegengekommen waren, während die Länder im Süden, die in den Siebzigern, als es in den Schulen hoch herging, hinhaltend Widerstand geleistet haben, zumindest achtbar dastehen. In den neuen Bundesländern ergibt sich ein ähnliches Bild: Sachsen und Thüringen, die sich von den Errungenschaften der Sozialisten am gründlichsten abgewandt haben, liegen vorn, die Länder Brandenburg und Sachsen-Anhalt weit abgeschlagen hinten. Was PISA ergeben hat, lässt sich historisch erklären; das soll im Folgenden geschehen. Schließlich ist die historische Herleitung eine der wenigen Möglichkeiten, vielleicht sogar die einzige, aus einem Debakel zu lernen.

Wenn Kinder fehlen

Neue Fragen an die alte Schule

Wenn Staaten und ganze Kontinente zur einen Welt zusammenwachsen, wird der Vergleich von Land zu Land leichter. Vergleichen kann man alles Mögliche: das Bruttosozialprodukt, die Einwohnerzahl, das Heiratsalter, den Gesundheitszustand, die Haushaltsgröße, den durchschnittlichen Urlaubsanspruch und was es sonst noch gibt. Mit der PISA-Studie (Programme for International Student Assessment) und ihrem ähnlich gearteten Vorgänger TIMSS (Third International Mathematics and Science Study) hat man versucht, die Leistungen von Schülern gegen Ende der Pflichtschulzeit miteinander zu vergleichen. Auf das für Deutschland nicht sehr schmeichelhafte Ergebnis haben viele mit Bestürzung, andere mit Befriedigung, die wenigsten allerdings mit Überraschung reagiert. Wer den Kontakt zur Schule noch nicht ganz und gar verloren hatte, der ahnte oder wusste längst, wie es um diese Institution und den Schulunterricht in Deutschland stand. An Klagen und Anklagen, meist aus dem Mund von Eltern, bestand ja auch kein Mangel. Was fehlte, war der handfeste, der empirisch abgesicherte Beweis. Der scheint mit den beiden PISA-Teilen, dem nationalen und dem internationalen Vergleich, nun vorzuliegen. Weitere Studien werden folgen.

Will man den Resultaten glauben, sind Kinder aus deutschen Schulen ihren Mitbewerbern aus anderen

Ländern in etlichen Fächern und in vieler Hinsicht unterlegen. Beim Lösen von sprachlichen, mathematischen und naturwissenschaftlichen Aufgaben liegen sie durchweg im unteren Bereich, nur Bayern erreicht einen Stand knapp über dem Durchschnitt. Zweifel an der Verlässlichkeit und Einwände gegen die Tragweite der Zahlen hat es viele gegeben; überzeugend waren sie alle nicht, dazu war der methodische Aufwand, mit dem sie erhoben worden sind, zu groß. Auf die Frage, was die Resultate bedeuten und wie auf den Befund zu reagieren ist, gehen die Meinungen aber kräftig auseinander, und das zu Recht; denn mögen sich die Ziele und Methoden der Untersuchung auch normieren lassen, die Bildungskonzeptionen, die mit ihrer Hilfe überprüft werden sollten, sind und bleiben grundverschieden. Wer diesen Konzeptionen einen eigenen Wert zuspricht, wird skeptisch bleiben gegen die Ergebnisse der internationalen PISA-Studie, die alles über einen Kamm geschoren hat. Er wird darauf bestehen, dass sich mit Begriffen wie Schule und Unterricht, Erziehung und Bildung Vorstellungen verbinden, die historisch und geographisch bedingt zu unterschiedlich sind, um einheitlich erfasst zu werden. PISA erhebt den Anspruch, nicht nur das Lesen, sondern auch das Verstehen, nicht bloß den Umgang, sondern auch den selbständigen Umgang mit Texten, nicht nur die Anwendung, sondern auch die sinnvolle und zweckmäßige Anwendung des Gelernten zu kontrollieren; und über Sinn und Zweck des Lernens gehen die Ansichten nun einmal auseinander. Thema von PISA ist nach Auskunft der Veranstalter das, was »für eine befriedigende Lebensführung in persönlicher und wirtschaftlicher Hinsicht sowie für eine aktive Teilnahme am gesellschaftlichen Leben notwendig« ist. Das ist ein ziemlich anspruchsvolles Konzept, das sich nur schwer und nie ganz frei von Willkür operationalisieren, also in handfeste Fragen übersetzen lässt. Die PISA-Bevollmächtigten waren sich dieser Schwierigkeiten bewusst; ob sie mit ihnen fertig geworden sind, ist eine andere Frage.

Das traurige Ergebnis markiert den Tiefpunkt einer Debatte, die vor vierzig Jahren begonnen hatte. Am Anfang stand ein Buch, das unter dem Titel *Die deutsche Bildungskatastrophe* Mitte der sechziger Jahre die deutsche Öffentlichkeit alarmiert hatte. Ursprünglich als Serie in einer Wochenzeitung erschienen, brachte der Autor, Georg Picht, die Texte wenig später auch als Buch heraus. Er fand emphatische Zustimmung und empörte Ablehnung, löste eine erregte Bundestagsdebatte aus, spaltete das Land in Progressive und Reaktionäre und lieferte den Anstoß zu tausend ehrgeizigen Projekten, Plänen und Programmen. Der Satz, mit dem Willy Brandt seine erste Regierungserklärung als Kanzler der sozialliberalen Koalition krönte, die Feststellung, dass die Schule der Nation die Schule sei (und nicht die Armee), wäre ohne Picht nicht möglich gewesen. Sein Notruf kam vor allem deshalb so gut an, weil er mit harten Zahlen arbeitete. Picht argumentierte nicht mit den Ergebnissen von Testaufgaben, sondern mit dem Anteil der Bildungsausgaben am Bruttosozialprodukt, mit dem Verhältnis zwischen Lehrer- und Schülerzahlen und der prozentualen Bildungsbeteiligung verschiedener sozialer Schichten und Milieus. Das waren Größen, die nicht erst noch erläutert werden mussten, um zu wirken; sie sprachen für sich. So erklärt sich die ungeheure Durchschlagskraft der Picht'schen Thesen: Statistik duldet keinen Widerspruch.

Merkwürdigerweise galt das auch für die sehr weitreichenden Schlüsse, die Picht aus seinem umfangreichen

Material gezogen hat. In dem Bewusstsein, eine Notlage erkannt zu haben, von der außer ihm selbst kein anderer etwas wusste, ging Picht aufs Ganze. Das Bildungswesen, so sein Argument, sei mehr als nur ein Faktor unter vielen; es sei das Fundament für die zentralen Lebensbereiche und Lebensumstände, die zu regeln Aufgabe des Staates sei. Von dem sprach Picht auf jeder zweiten Seite seines Buches, und stets meinte er die Zentrale, die Bundesregierung. Seine Appelle waren an Bonn gerichtet, weniger an eine der vielen Landesregierungen, die nach dem Grundgesetz für die Gestaltung des Schulwesens zuständig sind. »Das Gebäude unserer Wirtschafts- und Sozialpolitik, unserer gesamten Verwaltung und der Landesverteidigung ruht auf dem Sockel unseres Bildungswesens«, stellte er fest. »Da dieser Sockel zu zerbrechen droht, gleicht unser Staat einem Koloss auf tönernen Füßen.« So eingestimmt, waren die Menschen geneigt, Pichts Folgerungen zu übernehmen und seinen Prognosen zu glauben. Demnächst werde es an die zwei Millionen Schüler geben, für die weder Personal noch Räume vorhanden seien, sagte er voraus. Gleich auf der ersten Seite seines Buches lenkte er den Blick auf eine gar nicht allzu ferne Zeit, in der man, »wenn nichts geschieht«, schulpflichtige Kinder werde nach Hause schicken müssen, weil sämtliche Schulen hoffnungslos überfüllt sein würden. »Es steht uns ein Bildungsnotstand bevor, den sich nur wenige vorstellen können«, hieß sein Resümee. Das wirkte.

Heute, gut eine Generation nach Picht, müsste seine Voraussage vollkommen anders klingen. Inzwischen haben wir nämlich nicht mehr über Schüler zu klagen, für die es keine Schulen gibt, sondern über Schulen, denen die Schüler ausgehen. So wie es damals an Räumen und an Lehrern fehlte, fehlen heute die Kinder. In denselben Jahren, in denen die Deutschen einen nationalen Kraftakt unternahmen, um ihre Schulen und Hochschulen zukunftstauglich zu machen, schufen sie auch die Voraussetzung dafür, dass sich diese schönen und teuren Einrichtungen ein oder zwei Generationen später wieder leeren mussten. Zwischen 1965 und 1975 gingen die Geburtenzahlen im Westen des Landes auf gut die Hälfte ihres langjährigen Mittelwertes zurück, statt mehr als einer Million am Anfang des Jahrzehnts wurden an seinem Ende nur noch 600 000 Geburten im Jahr gezählt. Bei diesem Stand ist es im Weiteren geblieben. Es gab Ausschläge in diese und jene Richtung, doch keine Rückkehr auf das alte Niveau. Die Pille hatte den Frauen die Möglichkeit gegeben, die Zahl der Kinder zuverlässig klein zu halten, und eine kurzsichtige Sozialpolitik, die Kinderlosigkeit faktisch prämierte, sorgte dafür, dass sich dieser eigensinnige Entschluss auch lohnte. Ein Paar, das auf Kinder verzichtete, machte gleich dreimal ein gutes Geschäft: es verdoppelte sein Einkommen; es brauchte diese doppelten Einkünfte mit niemandem sonst zu teilen; und es wurde für so viel Selbstverliebtheit vom Staat durch eine Altersversorgung belohnt, verglichen mit der die Rentenansprüche einer Mutter wie ein klägliches Almosen aussehen. Wer rechnen konnte – und das konnten die meisten –, der wusste, wie er sich zu verhalten hatte.

Das Ergebnis dieser verkappten, aber höchst effizienten Bevölkerungspolitik unter falschem Vorzeichen war vorhersehbar; es ist ja auch vorhergesehen worden, sehr klar und eindeutig sogar. Die Warnungen verschlugen aber nicht, weil das System der Umverteilung von Jung zu Alt der Gegenwart Vorteile versprach, für die erst später zu bezahlen war. Konrad Adenauer, mit dessen Rentenreform die Begünstigung der Kinderlosigkeit zum Fundament des deutschen Wohlfahrtsstaates wurde, wollte von Einsprüchen gegen seinen Plan nichts hören. »Kinder kriegen die Leute sowieso«, soll er geantwortet haben, als man ihn fragte, wie er soziale Sicherheit mit Hilfe eines Verfahrens garantieren wollte, das sich mit den Kindern von heute auch der Beitragszahler von morgen beraubt. Der Kollaps eines Systems, das so einseitig gibt und nimmt, war unvermeidlich. Wer in Fristen dachte, die über ein oder zwei Legislaturperioden hinausreichten, konnte sich über die demographische Zukunft Deutschlands keine Illusionen machen.

Ernst genommen wurde die Drohung aber nicht. Man verließ sich darauf, dass die Natur, der man so kräftig ins Handwerk gepfuscht hatte, die Dinge schon richten und die Verhältnisse wieder ins Lot bringen werde. Auch Picht hat, ähnlich wie Konrad Adenauer, die Geburtenzahl als eine natürliche Größe genommen, mit der man für alle Zeiten rechnen durfte. Das war ein Fehler, und deshalb lesen sich seine Thesen heute so völlig anders als damals. Seine Feststellung, dass die Überlebensfähigkeit eines wirtschaftlich hoch entwickelten Landes wie der Bundesrepublik an der Existenz einer hinreichend gut vorgebildeten Jugend hängt, ist nach wie vor richtig. Man kann jedoch nur bilden, was man hat; die Schule ist auf Schüler angewiesen. Die gab es zu Pichts Zeiten reichlich, mehr als reichlich sogar, wie er der Nation zu ihrem Erschrecken und Erstaunen immer wieder vorgerechnet hat. Inzwischen sehen die Zahlenverhältnisse aber ganz anders aus. Kinder sind knapp geworden, und die Überalterung, die unerfreuliche, aber unvermeidliche Folge einer schnell schrumpfenden Bevölkerung, eröffnet bedrückende Aussichten in die Zukunft.

Das Land beginnt sich langsam zu entvölkern. In den ohnehin dünn besiedelten Gegenden der Neuen Länder ist das schon heute zu beobachten, man braucht dazu nicht einmal die Statistik. Auf Rügen, im südlichen Mecklenburg-Vorpommern, in der Lausitz und anderswo gibt es ganze Landstriche, in denen die Älteren weitgehend unter sich sind. Das Einbrechen der Geburtenzahlen, mit dem die verängstigte Bevölkerung der alten DDR auf die Unsicherheiten reagierte, die sie mit ihrem Beitritt zur Bundesrepublik auf sich zukommen sah, entfaltet jetzt, zwölf Jahre später, seine Wirkung. Das demographische Altern, das sich in den alten Bundesländern erst jenseits des Jahres 2010 bemerkbar machen wird, ist in den neuen Ländern voll im Gange. »Die Jahrgangsstärke der Fünfzehnjährigen wird vom Jahre 2000 bis zum Jahre 2005 um rund zwanzig Prozent und bis zum Jahre 2010 um mehr als fünfzig Prozent des Bestandes abnehmen«, stellt PISA dazu nüchtern fest. Allein in Sachsen hat sich die Zahl der Schüler durch Abwanderung und Geburtenschwund innerhalb von zwölf Jahren nahezu halbiert. Es stehen nicht nur Kinderkrankenhäuser und Kindertagesstätten leer, sondern auch ganze Schulen; Betriebe müssen schließen, für Häuser und Grundstücke fehlt die Nachfrage. Wer kann, verlässt die Heimat und geht dort hin, wo es Arbeit gibt, in die nächste Großstadt also oder gleich weiter in den Westen; und Westen schließt natürlich auch das Ausland ein. Städte und Dörfer, die von der Abwanderung betroffen sind, tun alles, um die Menschen zum Bleiben zu bewegen; an Zuzug ist ja ohnehin nicht mehr zu denken. Mancher Bürgermeister stellt Kopfprämien in Aussicht und wirbt mit Sprüchen wie: »Ich bleibe hier in meiner Stadt, damit sie eine Zukunft hat.« Helfen wird das aber kaum, denn wo nichts ist, hat der Kaiser sein Recht verloren. Allein in Grimmen, einer Kleinstadt nahe der deutsch-polnischen Grenze, sind innerhalb kurzer Zeit drei Kindergärten, zwei Grundschulen und eine Realschule geschlossen worden; das einzige Gymnasium am Ort wird irgendwann folgen. Danach geht es dann weiter mit dem Einzelhandel, der Landwirtschaft und, falls vorhanden, mit der örtlichen Industrie. Was (noch) floriert, ist der Bau von Altenheimen und Seniorenresidenzen; aber auch damit wird es irgendwann zu Ende gehen. Danach kommt noch die Friedhofsgärtnerei, und dann ist Schluss.

Wahrscheinlich wird der Altenboom der letzte sein, den wir erleben. Wer sich davon bedrücken lässt, dem springen die immer gut gelaunten Sozialpolitiker zur Seite, um ihn in der Kunst des Gesundbetens zu unterweisen. Sie rechnen ihm vor, dass zu Befürchtungen kein Anlass besteht, weil sich der höhere Aufwand für Rentner und Pensionäre durch geringere Ausgaben auf der anderen Seite des Altersspektrums, für Kinder also, kompensieren lässt. Dass das eine Milchmädchenrechnung ist, weil man ja nur zu warten braucht, um zu erleben, wie das Land auf diesem Weg immer tiefer in einem schwarzen Loch versinkt, ist Politikern, die in Wahlperioden denken, nicht begreiflich zu machen.

Volkswirte sehen die Dinge klarer, sie kennen Gerhard Mackenroth und seine These, dass der gesamte sozial genannte Aufwand nur eine einzige Quelle hat, das Volkseinkommen aus der laufenden Periode. »Es gibt keine Ansammlung von Fonds, keine Übertragung von Einkommensteilen von Periode zu Periode, kein Sparen im privatwirtschaftlichen Sinne – es gibt gar nichts anderes als das laufende Volkseinkommen als Quelle für den Sozialaufwand.« Wer dieses Volkseinkommen halten oder sogar steigern will, darf nicht am Aufwand sparen für diejenigen, die es morgen oder übermorgen aufbringen sollen; und das sind nun einmal die jungen Leute, nicht die Alten. Horst Siebert, der Präsident des Kieler Instituts für Weltwirtschaft, drückt sich noch freundlich aus, wenn er feststellt, dass sich alternde Gesellschaften auf einem niedrigeren Wachstumspfad bewegen als junge. Wachstum ist ja beileibe kein Naturgesetz, der Pfad kann auch nach unten führen, und dann wird alles kleiner, langsamer und teurer.

In dieser Lage könnte es klug sein, ähnlich zu handeln wie der König von Preußen, der nach der Niederlage von Jena und Auerstedt seine Untertanen dazu aufgerufen hatte, durch geistige Anstrengungen wettzumachen, was dem Land an physischer Kraft verloren gegangen war. Mit der Gründung einer neuen Universität in Berlin gab der König selbst ein Beispiel dafür, wie man aus einer Not eine Tugend macht und von der Gegenwart mehr Einsatz für die Zukunft verlangt. In der Demokratie ist so etwas aber nur schwer zu erreichen; da drängen sich die Ansprüche der Gegenwart nach vorn und verlangen das Opfer, das sie selbst nicht bringen wollen, von der Zukunft. Die Finanzminister von Bund und Ländern haben das verstanden und empfehlen mit Hinweis auf die rückläufige Zahl von Schülern und Studenten, am Bildungsetat zu sparen. Natürlich kennen auch sie die populäre Weisheit, nach der ein Land wie die Bundesrepublik, arm an natürlichen Rohstoffen wie sie nun einmal ist, mit dem Pfund wuchern sollte, das sie hat, mit der Leistungsfähigkeit, dem Fleiß und dem Einfallsreichtum ihrer Bürger. Nachhaltigkeit als Motto nicht nur in der Umwelt-, sondern auch in der Bildungspolitik, das wäre etwas. Doch dazu braucht man einen weiten Blick und einen langen Atem. Beides fehlt.

Es fehlt an einer Politik für Kinder. Die gibt es nicht, wird es vielleicht auch niemals geben. Denn Kinder sind keine Wähler: ein Manko, das in der interessengeleiteten und interessentengesteuerten Demokratie nicht verziehen wird. In Deutschland macht man Politik für alle möglichen Randgruppen, für Arbeitslose und Nichtraucher, für Kleinwüchsige und Transsexuelle, nur nicht für die mit Abstand größte Randgruppe der Gesellschaft, für Kinder. In keiner Altersgruppe ist die Armut so ausgeprägt wie unter den Minderjährigen, mehr als eine Million Kinder leben in Deutschland, einem der reichsten Staaten der Welt, von der Sozialhilfe. Wer so aufwächst, hat nur geringe Chancen, sein Leben nach eigenen Vorstellungen zu führen und teilzuhaben an den öffentlichen Angelegenheiten. Er wird seinen Status weitervererben, so dass Kinderreichtum zu Armut und Armut zu Kinderreichtum führt. Ein neues Proletariat entstünde, denn die Proleten waren ja die Leute mit den vielen Kindern. Wer diese Entwicklung nicht will, muss Bildungspolitik anders definieren, gründlicher betreiben und früher mit ihr ansetzen, als das bisher geschehen ist. Er hätte sich nicht nur um Schulen und Hochschulen, um Vorschulen und Kindergärten zu kümmern, sondern mit einer vorausschauenden Familien- und Bevölkerungspolitik darauf hinzuwirken, dass Kinder da sind, die man erziehen und bilden kann.

Bisher hat der Staat wenig getan, um in dieser Richtung voranzukommen und jedenfalls die gröbsten Nachteile zu beseitigen, unter denen die Familie leidet. Ohne das Bundesverfassungsgericht, das in mehreren Urteilen das ganze Ausmaß der Benachteiligung vorgerechnet hat, läge das Land beim Familienleistungsausgleich wohl noch viel weiter zurück. Bis heute glaubt der Staat seine Bürger im Wege der umverteilenden Sozialpolitik dazu zwingen zu dürfen, ihr Lebenseinkommen so zu verteilen, dass sie das meiste Geld dann zur Verfügung haben, wenn sie es am wenigsten brauchen, im Alter nämlich, wenn die Anschaffungen getätigt, die Schulden abbezahlt und die Kinder, sofern es sie denn gab, das Haus verlassen haben. Was einem durchschnittlichen Rentnerhaushalt heute zur Verfügung steht, liegt weit über dem Durchschnittseinkommen, auf das ein junges Paar, das vielleicht Kinder haben möchte, rechnen kann; und Letzteres verringert sich natürlich weiter, wenn dieses Paar auf den Gedanken kommt, sich zur Familie zu erweitern. Für jeden, der teilhaben will am modernen Lebensstil, sind Kinder das denkbar größte Hindernis. Sie fesseln und verpflichten, wo man frei und beweglich sein möchte. Haustiere kann man im Tierheim abgeben, zur Not auch aussetzen, wenn es zum Urlaub auf die Seychellen geht, Kinder nicht. Dass der Kinderwunsch, obwohl er doch nach allem, was man weiß, lebendig ist, so selten erfüllt wird, hat seine Gründe. Die Umverteilung, die der einen Generation nimmt, was sie der anderen zusteckt, steht dabei an der Spitze.

Erfahrungen in vielen Ländern, in Deutschland, in den Niederlanden und in Italien, haben gezeigt, was man riskiert, wenn man versucht, die eingefahrenen Verteilungsmuster zu verändern. Rentenwahlkämpfe sind überall gefürchtet, weil sie von denen, die sie anzetteln, regelmäßig verloren werden. Die Umverteilung der Umverteilung würde an den Besitzständen rühren, und die gelten in Deutschland als heilig. Politik für Kinder zu betreiben ist in einer Gesellschaft, die es für sozial hält, die einen dadurch gut zu stellen, dass sie die anderen ausnimmt, unendlich schwierig. Kinder müssen in die Ansprüche, die ihre Eltern schon innehaben, erst noch hineinwachsen, sie müssen erwerben, was andere schon besitzen. In einer alternden Gesellschaft wie der deutschen wiegt das geballte Stimmgewicht der Älteren, die Ansprüche erheben, viel schwerer als die Stimme der Jüngeren, die diese Ansprüche bedienen sollen. Das macht die Altenpolitik so attraktiv, die Politik für Kinder so undankbar. Für einen demokratisch legitimierten Politiker ist es vernünftig, so zu handeln, Mehrheiten also auf Kosten der Zukunft zu suchen; für die Gesellschaft ist es ruinös. Es verändert die Stimmung zum Nachteil der Jugend und verdüstert den Ausblick in die Zukunft.

Diese Zukunft liegt nämlich nicht, wie von den Werbekünstlern immerzu behauptet, »im Altenmarkt«, sondern bei den Kindern. Der Biologe Hubert Markl hat in seiner Eigenschaft als Präsident der Max-Planck-Gesellschaft öfter daran erinnert, dass in den Industrienationen des Westens mit ihrer stagnierenden oder sogar schrumpfenden Bevölkerung junge, tüchtige Menschen zur knappsten Quelle des Wohlstands geworden sind. Dies sei vor allem deshalb so bedenklich, weil der Wettbewerb um Nachwuchstalente weltweit ausgetragen wird. Deutschland habe sich nicht nur in der Europäischen Union zu behaupten, sondern gegen sämtliche wirtschaftlich und wissenschaftlich hoch entwickelten Länder der Welt. Alter mag einen Gewinn an Erfahrung, vielleicht sogar an Weisheit mit sich bringen, die Originalität, die Fantasie, das Kombinationsvermögen – alles das also, worauf es in diesem Wettstreit ankommt – sind und bleiben ein Vorrecht der jüngeren Generation. Wer das bezweifelt, sollte die Liste der Nobelpreisträger durchgehen und darauf achten, in welchem Alter sie ihre preiswürdigen Leistungen vollbracht haben. Er wird auf lauter junge, meist sehr junge Leute stoßen. Vor allem deshalb verspricht der Blick auf die deutsche Alterspyramide – die so zu nennen nicht mehr richtig ist, weil sie sich längst in einen Pilz mit schmalem Fuß und breiter Krempe verformt hat – wenig Gutes.

Wenn es so kommt, sind Auswirkungen auf die Wirtschaft unvermeidlich. Eine der führenden Rating-Agenturen, Standard & Poor's, hat dramatische Konsequenzen für den Fall vorausgesagt, dass es den westeuropäischen Ländern nicht gelingen sollte, sich rechtzeitig auf die gewaltigen Versorgungslasten einzustellen, die mit einer schnell alternden Bevölkerung auf sie zukommen. Unter der Voraussetzung, dass es in Zukunft schwierig wird, Haushaltsüberschüsse in einer Größenordnung von nur einem Prozent des Bruttosozialproduktes zu erzielen, hätte Europa wenig Aussicht, die rasch anwachsenden Kosten für Renten- und Pensionszahlungen aufzubringen, meint die Agentur. Sie sagt auch, was zu tun wäre, um Schlimmeres zu vermeiden: Schuldenabbau, sparsame Haushaltsführung und Abstriche bei Renten und Pensionen. Als Hans-Werner Sinn, der Präsident des Münchner Ifo-Instituts, kürzlich empfahl, die Alterseinkommen von Kinderlosen langfristig um die Hälfte zu kürzen, ging ein Aufschrei durch das Land. Dabei werden die Dinkies – double income, no kids – noch von Glück sagen können, wenn ihnen die nachwachsende Generation, auf deren Kosten sie im Alter zu leben gedachten, jedenfalls die Hälfte von dem übriglässt, was sie sich eigenmächtig zugesprochen hatten. Alternde Volkswirtschaften wie die deutsche verbrauchen viel, produzieren aber nur wenig, denn das Dienstleistungspersonal, das sie in großer Zahl benötigen, steht auf der Produktivitätsskala ziemlich weit unten.

Um in Anstand zu überleben, hätten die westlichen Industriestaaten eine Politik zu betreiben, die alle Bereiche des öffentlichen Lebens unter dem Gesichtspunkt der Nachhaltigkeit aufeinander abstimmt. Tun sie das nicht, wird es natürlich trotzdem zu Veränderungen kommen, ziemlich dramatischen sogar. Sie werden dann jedoch durch die Macht der sozialen Tatsachen erzwungen werden. Die Jungen werden es nicht hinnehmen, dass sie auf ewig schlechter dastehen sollen als die Alten. Sie werden nicht einsehen, warum sie neben den eigenen Eltern, denen sie immerhin einiges zu verdanken haben, die vielen Lebenskünstler unterhalten sollen, die einfach deshalb so viel besser dastehen, weil sie den Witz der Umverteilung verstanden und auf Kinder verzichtet haben. Chancengleichheit, das Schlagwort aus der Zeit von Georg Picht, ist eine Forderung, die nicht nur zwischen den Mitgliedern verschiedener Gesellschaftsschichten, sondern auch unter den Angehörigen verschiedener Generationen zu erfüllen ist. Der Satz aus der französischen Konventsverfassung von 1793, wonach keine Generation das Recht hat, der nächsten ihre Gesetze aufzuzwingen, gilt nach wie vor. Er gehört zum Naturrecht, das kein Sozialpolitiker außer Kraft setzen kann.

Weil das so ist, sind die Aussichten der nächsten Generation gar nicht schlecht – vorausgesetzt, sie ist dazu bereit, dem System mit derselben Härte zu begegnen, mit der es ihr entgegentritt. Die Globalisierung, die auf Ländergrenzen keine Rücksicht nimmt, spielt ihnen in die Hände. Sie begünstigt nicht nur die großen, international tätigen Unternehmen, sondern jeden, der einfallsreich, nüchtern und wendig genug ist, um sich der asozialen

Zwangswirtschaft zu entziehen. Solche Leute gehen dorthin, wo ihre Aussichten gut sind, besser zumindest als in der Seniorenrepublik Deutschland. Die enttäuschende Resonanz auf Gerhard Schröders Versuch, mit Hilfe einer Greencard-Regelung leistungsfähigen Nachwuchs ins Land zu locken, hat gezeigt, dass Deutschland mit seiner altersseligen Umverteilungspolitik international nicht mehr konkurrenzfähig ist. Im Ausland weiß man, was dieser Staat für Junge und für Alte tut, macht seine Rechnung auf und bleibt zu Hause. Was sollte junge Deutsche daran hindern, dieselbe Rechnung anzustellen und zu gehen? Was könnte sie dazu bewegen, um jeden Preis da zu bleiben, wo leistungsfähige Ausländer gar nicht erst hinwollen? Wenn sie die Kardinaltugenden der neuen Zeit erlernt haben, also flexibel und mobil sind, kann sie kein Mensch daran hindern, das Land zu verlassen – Sozialpolitiker, die Solidarität predigen, aber nicht üben, schon gar nicht.

Diese Leute haben nicht verstanden, was sich in einer einzigen Generation verändert hat. Sie glauben immer noch in einer Epoche zu leben, in der die Hoheit beim Kollektiv, bei den Gemeinschaften und Gesellschaften und deren oberstem Vollzugsbeamten liegt, dem Staat. Doch diese Zeit geht offenbar zu Ende. Auch Kollektive sind heute zum Wettbewerb verurteilt, der hier wie anderswo die Handlungsmacht des Einzelnen vermehrt. Wer die Forderungen der Zeit kennt und sich nach ihnen richten kann, wird sich in Zukunft auf sich selbst verlassen. Es ist ein merkwürdiger Widerspruch, dass ausgerechnet die Liebhaber der postmodernen Lebensweise, die Kinder der Freiheit, wie sie von ihrem Ziehvater Ulrich Beck genannt werden, ihre soziale Sicherheit von einem System erwarten, das über die engen Grenzen des

Nationalstaates nie hinausgekommen ist. Aus diesem Grund wird ihre Rechnung auch nicht aufgehen. Die nächste Generation wird die Älteren daran erinnern, dass sie zwar Ansprüche erworben haben, mehr aber auch nicht, und dass es von ihr, den Jüngeren abhängt, ob diese Ansprüche eingelöst werden.

Als ein Garant für Bildungs- und Sozialchancen hat der Nationalstaat weitgehend ausgespielt. Verglichen mit Wirtschaft und Wissenschaft, den aufsteigenden Mächten, ist er der große Verlierer. Das hat, neben manchen schlimmen, auch seine guten Seiten, von denen der Gewinn an Freiheit zweifellos die beste ist. PISA hat gezeigt, wie hart der Wettbewerb im Bildungs- und Erziehungswesen ist und wie schwer sich Deutschland tut, ihn zu bestehen. Um besser abzuschneiden, müsste das Land seinen Nachwuchskräften ein besseres Angebot machen. Mit seinen hergebrachten Mitteln, mit Gesetzen und Erlassen, mit Zwang und Strafe kann der Staat schon jetzt nicht viel bewirken, in Zukunft wohl noch weniger. Ähnlich wie die Gesundheit wird die Bildung ihren Charakter als öffentliches Gut verlieren und die Menschen auf sich selbst zurückwerfen. Private Schulen und private Hochschulen finden wachsenden Zulauf, der sich mit Sicherheit noch verstärken wird. Der Staat ist nur noch einer unter vielen; er kann Mindestanforderungen an die Dauer und den Erfolg von Bildungsgängen aufstellen und dort, wo er das Sagen hat, auch durchsetzen, mehr aber auch nicht. Der Rest liegt bei Eltern, Kindern, Schülern und Studenten.

Ist Leistung unanständig?

Vom Nachwirken einer Revolte

Vor eine paar Jahren überraschte eine große amerikanische Zeitung ihre Leser mit einer sonderbaren Nachricht. Sie berichtete über die empirisch gesicherte Erkenntnis, dass Schuhgröße und Intelligenz statistisch eng miteinander korreliert, also verbunden sind: je größer die eine, desto höher die andere, und umgekehrt. Die Erklärung für diese nur auf den ersten Blick verblüffende Erscheinung ist einfach, und die Zeitung war gnädig genug, sie ihren Lesern auch gleich mitzuteilen. Die enge Beziehung zwischen Intelligenz und Schuhgröße ist vermittelt durch eine dritte Variable, das Lebensalter, das eben nicht nur die Füße, sondern auch den Verstand der Menschen wachsen lässt, hoffentlich jedenfalls. Das Beispiel zeigt, wie gefährlich es ist, unter Berufung auf ein statistisches Phänomen wie die Kovarianz vorschnell von einer Ursache auf eine Wirkung zu schließen.

Zahlen sind suggestiv. Wenn sie auf Bruchstellen genau ausgerechnet, zu Rubriken geordnet und in Tabellen eingetragen werden, wirken sie fast unwiderstehlich. Je mehr von ihnen beieinander, nebeneinander oder untereinander stehen, desto stärker die Versuchung, sie miteinander in Beziehung zu setzen, die eine aus der anderen herzuleiten, die vielen auf eine einzige zurückzuführen und was es an denkbaren oder undenkbaren Zusammenhängen sonst noch gibt. Der Kombinationslust nachzugeben und irgendwelche neuen Erkenntnisse aus dem Hut zu zaubern, ist verführerisch, aber auch riskant. In vielen Fällen ist es einfach falsch, weil Kovarianz eben nichts über die Ursachen verrät.

Die Ergebnisse von PISA haben die Frage nach den Ursachen, die für das gute oder schlechte Abschneiden eines Landes verantwortlich sind, populär gemacht. Die meisten waren mit ihrer Antwort schnell bei der Hand und führten so vieldeutige Begriffe wie Leistungsschwäche oder Schulversagen auf irgendein Phänomen zurück, welches sie schon immer geärgert hatte. Anstatt die Untersuchung dazu zu benutzen, Missständen auf ihren bislang unbekannten Grund zu kommen, wurde sie als Bestätigung genommen für das, was man schon immer wusste. In Deutschland, wo man sich daran gewöhnt hat, Schulfragen als Systemfragen zu behandeln, glaubte man nach der Hauptursache für das Debakel nicht lange fragen zu müssen. Dass finnische und koreanische, japanische und kanadische Schüler so viel besser dastanden als die deutschen, konnte nur am System liegen. Nach dieser Grundsatzentscheidung gingen die Rangeleien auf dem Niveau weiter, auf dem sie jahrelang ausgetragen worden waren, als ein Duell zwischen den Freunden der Einheitsschule und den Anhängern des gegliederten Schulwesens. Im Organisatorischen war man zu Haus, da wusste man Bescheid, da kannte man den Gegner, da brauchte man nach Argumenten nicht erst lang zu suchen. Jeder konnte da weitermachen, wo er vorgestern stehen geblieben war. Die meisten taten das auch.

Sehr hilfreich war das alles nicht. Leistungsvermögen, Leistungsbereitschaft und Leistungswille sind nämlich keine Systemprodukte, sondern höchst subjektive Größen. Sie werden durch Menschen angeregt oder behindert, hervorgebracht oder abgetötet, nicht durch das Lieblingsspielzeug der Systemgläubigen, durch Organisationspläne und Strukturmodelle. Den Schulerfolg auf die Systemfrage zu verkürzen, entspricht den Vorurteilen von Beamten, hat mit der Wirklichkeit jedoch nicht allzu viel zu tun. Wenn irgendetwas, haben die von PISA erzeugten Datenmassen eine Vorstellung davon gegeben, was alles nötig, zumindest aber hilfreich ist, um einen so schwammigen Begriff wie Schulerfolg zu erklären. Finnland hat ja nicht nur ein anderes Schulsystem als Deutschland, sondern auch einen verschwindend geringen Ausländeranteil und deshalb erheblich weniger Problemkinder als Deutschland. In Korea liegt nicht nur der Schulerfolg höher, sondern auch die Arbeitslosigkeit niedriger als bei uns, was sich vermutlich günstig auswirkt auf Schlüsseltugenden wie Fleiß und Arbeitshaltung. In Irland sind Frauen und Mütter relativ selten berufstätig, in Frankreich ziemlich oft; was daraus für den Schulerfolg der Kinder folgt, ist nicht recht klar, denn der ist ja in beiden Ländern höher als in Deutschland. Kanada ist ein Einwanderungsland, das, anders als die Deutschen, die Assimilation seiner Neubürger nicht nur duldet, sondern unterstützt. Und um auch das nicht zu vergessen: In allen diesen Ländern liegt die Geburtenquote, das beste äußere Indiz für Kinderfreundlichkeit, weit über dem in Deutschland seit langem üblichen Durchschnitt. Auf diesen Unterschied hat allerdings noch niemand aufmerksam gemacht, er gilt bei uns als unerheblich.

Wahrscheinlich beanspruchen organisatorische Fragen bei internationalen Vergleichsuntersuchungen nach Art von PISA einfach deshalb so viel Interesse, weil sie für Wissenschaft und Politik leicht zugänglich sind. Organisatorische Einzelheiten wie Dauer, Übertrittstermine und Wochenstundenzahl lassen sich leicht festsetzen, gut erheben und einfach kontrollieren; was sie für jeden, der klare Zahlen und eindeutige Empfehlungen liebt, attraktiv macht. Sie beschreiben die Schule als ein technisches Problem und kommen damit den Bedürfnissen der Wissenschaft, den Wünschen der Bürokratie und den Idiosynkrasien der deutschen Obrigkeit weit entgegen. An dem, was Schule ist und soll, gehen sie jedoch genauso weit vorbei.

PISA will Leistung messen. Leistung ist ein Begriff, der nur in den Naturwissenschaften eindeutig definiert ist, als Arbeit im Verhältnis zu Zeit. Wo es um Menschen geht, ist Leistung eine subjektive Größe; etwas zu leisten, sich anzustrengen und gut zu sein, besser als viele andere, ist ein Bedürfnis, das durch Anerkennung gesteigert, durch Missachtung enttäuscht und durch ein hartes Urteil geradezu vernichtet werden kann. Weil das so ist, dürfte eine der unerfreulichsten Zahlen, die PISA zu Tage gefördert hat, die starke Mehrheit deutscher Kinder sein, die davon berichten, dass sich kein Mensch, weder Eltern noch Lehrer, für das interessiert, was sie in der Schule erreicht oder verpatzt haben. Sie wissen nicht und lernen nicht, was Leistung ist, wozu sie dient, wie viel sie wert ist, warum man sie schätzt und dass sie Freude macht. Gleichgültigkeit und Befangenheit im Umgang mit Leistung sind zwei der auffälligsten Merkmale, durch die sich das deutsche Bildungswesen vom international Üblichen unterscheidet. Der in amerikanischen Universitäten selbstverständliche Brauch, Ranglisten öffentlich auszuhängen, ist an deutschen Hochschulen schwer vorstellbar. Kritik am Leistungsbegriff hat die Bildungsreform von Anfang an begleitet: Das Leistungssystem in seiner äußeren Gestalt, im Zeugnis- und im Prüfungswesen, entstamme der bürgerlichen Gesellschaft und sei deswegen »illegitim«, hieß es in einer der vielen leistungskritischen Programmschriften, die seinerzeit in Umlauf waren. Heute bietet der Datenschutz allerlei fragwürdige Gründe, mit dieser Kritik fortzufahren.

Beachtenswert war diese Kritik so lange, wie sie darauf aus war, an die Vieldeutigkeit von Leistung zu erinnern. Was Leistung wert ist, hängt ja davon ab, in wessen Dienst sie steht, zu welchem Zweck sie dient, in welcher Absicht sie verlangt und erbracht wird. Doch dabei hat sich die Kritik nicht lange aufgehalten, sie ging von Anfang an aufs Ganze. Oskar Lafontaine, ein Veteran der Bewegung, sprach für viele, als er Sekundärtugenden wie Disziplin, Pflichtgefühl, Standhaftigkeit und Fleiß, alles das also, was man unter dem Oberbegriff Leistung zusammenfassen kann, verächtlich machte. Für ihn war Leistungsbereitschaft eine Voraussetzung, um KZs zu bauen; dass sie genauso nötig ist, um ein Gewaltregime daran zu hindern, KZs einzurichten und zu unterhalten, sagte er nicht. Was hängen blieb und wohl auch hängen bleiben sollte, war ein Anfangsverdacht gegen die gewöhnlichste aller Sekundärtugenden, die Leistung.

Sie wurde verdrängt durch einen anderen Leitbegriff, durch das Soziale. Im Bundesausbildungsförderungsgesetz, einer der bleibenden Errungenschaften des großen Aufbruchs, ist dieser fragwürdige Gegensatz zum Prinzip erhoben worden. Zwar gilt das Bafög als »Soziales Leistungsgesetz«; als Leistung anerkannt wird allerdings nur das, was man entgegennimmt, worauf der Bürger einen einklagbaren Anspruch hat. Die Gegenrechnung aufzumachen und daran zu erinnern, dass sich Leistung und Gegenleistung entsprechen müssen, weil es nun einmal keine Rechte ohne Pflichten gibt, galt als unsozial. Deswegen sind die Fleißprüfungen und die Leistungskontrollen, die es im Honnefer Modell, dem Vorgänger des Bafög, noch gab, bis auf ein paar unbedeutende Reste abgeschafft worden. Nicht mehr die Leistung sollte zählen, sondern die Bedürftigkeit, gemessen an den Einkommensverhältnissen der Eltern. Die zunehmende Neigung, Bildungs- in Sozialpolitik aufzulösen, hat dazu geführt, dass es in Deutschland Bildungspolitik als eigenständige Aufgabe, die Leistung verlangt und Begabung belohnt, kaum noch gibt. Das Soziale hat sich so weit nach vorn gedrängt, dass es alles andere verdunkelt. Schon das Angebot, zum Bildungserfolg aus eigenen Mitteln und mit eigenen Kräften beizutragen, wird als Versuch wahrgenommen, ständische Privilegien zu verteidigen und anderen ihr Recht auf Bildung vorzuenthalten. Wer gelernt hat, Bildung als Oberschichtengut zu betrachten, das unter demokratischen Verhältnissen an alle ausgegeben werden muss, fühlt sich im Recht, wenn er Forderungen an andere stellt. Er verlangt ja nur, was ihm von »denen da oben« unrechtmäßig vorenthalten worden ist. Als Kind will er beschenkt, als Schüler begabt, als Student motiviert werden. An seinen eigenen Beitrag erinnert zu werden, empfindet er als diskriminierend.

Die meisten deutschen Schul- und Hochschulpolitiker sind mit solchen Erwartungen groß geworden. Sie sehen ihre Aufgabe darin, das Soziale gegen einen Leistungsbegriff zu verteidigen, der ständisch definiert sei und zur sozialen Ausgrenzung führe. Wer radikal genug war, begriff Leistungsverweigerung und Aufsässigkeiten aller Art bis hin zur offenen Gewaltanwendung gegen Lehrer und Schüler als Ausdruck für den bekannten Grundwiderspruch, an dem die kapitalistische Gesellschaft leidet. »In kollektiver Form und auf ein bestimmtes Ziel gerichtet sind diese Verhaltensweisen eine Form von Protest gegen die bestehenden gesellschaftlichen Strukturen«, hieß es in dem Sammelband *Strategisches Lernen in der Gesamtschule*, einem Pamphlet zur Verteidigung der Einheitsschule. Und weiter: »Im Sinne einer Angleichung der gesellschaftlichen Bedingungen an die Bedürfnisse der Mehrheit der Bevölkerung ist der Disziplinbegriff, der auf die Einhaltung und Kontrolle der herrschenden Normen bezogen ist, falsch. Der Begriff Disziplin muss wieder auf die Füße gestellt werden: Unter Disziplin sind alle jene Verhaltensqualitäten zu verstehen, die dazu befähigen, die herrschenden gesellschaftlichen Widersprüche zu überwinden.«

Kein Mensch wird heute noch so reden. Aber jahrelang ist so geredet worden, und die meisten von denen, die mit diesen Seminarweisheiten groß geworden sind, stehen heute noch im Dienst der Schule. Als es noch von der SPD regiert wurde, wies das Land Hessen seine Lehrer darauf hin, dass es im Hinblick auf kulturelle Vielfalt und gesellschaftliche Unterschiede unzulässig sei, bestimmte Moralvorstellungen zu etablieren. Was als Erziehung zur Mündigkeit angekündigt worden war, endete in Beliebigkeit. Der Sturz aus der vorrevolutionären Begeisterung in die nachrevolutionäre Depression hat aus den fortschrittlichen Kräften Zyniker gemacht, die nichts mehr ernst nehmen und ihrerseits auch nicht mehr ernst genommen werden wollen. Man müsse ja nicht unbedingt die frühkindliche Sozialisation und den Konsumkapitalismus bemühen, um zu verstehen, wie sich der Rebell von gestern in den Sponti, Raver oder Skin von heute verwandelt hat, schrieb einer dieser Konvertiten. »Die Gründe liegen im Wandel der gesellschaftlichen Umstände: Der Umweg über Leistung ist weitgehend versperrt oder erscheint sinnlos. Die sozialistischen Hoffnungen auf China, Kuba, Vietnam wie auch die Parteiblüten hierzulande sind längst dahingewelkt. Was es früher an Zielen gegeben haben mochte, für die sich einzusetzen Erfüllung und Bestätigung versprochen haben mag, das ist alles nur zu fraglich geworden.« Ob es da ein Wunder sei, dass die meisten nicht wüssten, was sie wollen, »aber sehr wohl wissen, was sie nicht wollen«, hieß es in einem damals viel gelesenen Buch mit dem Titel *Uni-Angst und Uni-Bluff*.

Kinder sind Grenzgänger. Sie wollen wissen, bis wohin sie gehen können und was passiert, wenn sie weiter gehen als erlaubt. Deshalb hängt alles davon ab, ob es gelingt, zwischen ihnen und dem Erzieher ein Klima herzustellen, das Zuneigung mit Strenge verbindet. Das Verständnis für alles, was Kinder tun und lassen, darf die klare Antwort von Seiten der Erwachsenen nicht ausschließen. Der polnische Kinderarzt Janusz Korczak erzählt von einem Jungen, der stahl, um andere Kinder freizuhalten: das alte Motiv des Robin Hood, der den Reichen nahm, um den Armen zu geben. In den üblichen Kinderspielen, dem Räuber- und Banditenwesen der Halbwüchsigen, erkennt Korczak Zeichen dafür, »wie die wirkliche Einstellung der Kinder zum Diebstahl ist, unabhängig von dem moralischen, sozialen Wesen des Problems«. Das Bedürfnis nach Abenteuer, der Nachahmungstrieb, die lebendige Vorstellungskraft, aber auch der Ehrgeiz und die Angeberei, alles das komme zusammen und treibe unter Kindern allerlei sonderbare Blüten. Korczaks Verständnis und Sympathie beeinträchtigt das nicht: »Gesunde, geliebte Lausejungen«, schreibt er. »Das ganze Wohlwollen gegenüber dem Menschen und die kindliche Naivität sind erhalten geblieben.« Mit seiner Antwort hält er aber nicht zurück: »Man muss nur sagen, dass es schlecht ist, was da geschieht.«

Das haben die Reformer nicht getan. Sie waren erfinderisch bei der Suche nach Ausreden oder Erklärungen für alle Formen von Desinteresse und Aufsässigkeit, für die große Verweigerung, zu der Herbert Marcuse, der Guru der Bewegung, seine Anhänger aufgerufen hatte. Dass vieles von dem, was da geschehen ist, schlecht war, haben sie nur selten, leise, ungern oder nie gesagt. Die klare Antwort im Stil von Janusz Korczak konnten oder wollten sie nicht geben. Sie sind ausgewichen oder haben versucht, sich durch Nachgiebigkeit und falsche Vertraulichkeit bei den Kindern anzubiedern. Unüberhörbar Nein gesagt haben sie immer nur zu den anderen, zu den Verhältnissen, die falsch, zu den Eltern, die faschistoid, und zur Schule, die letztlich überflüssig war. Die Orientierung, nach der sie suchten und auf die sie einen Anspruch hatten, haben die Kinder von diesen Lehrern nicht bekommen. Zumindest nicht diejenige, die fürs Leben tauglich macht.

Auch demotivierte und desillusionierte Lehrer erziehen ja; dass man nicht nicht-erziehen kann, gilt leider auch für sie. Auch sie wirken als Vorbilder, nur eben als schlechte. Sie propagieren Selbstbestimmung als pädagogischen Grundsatz im Umgang mit Kindern, die über sich selbst noch keine Klarheit haben und die Interessen, die zu verfolgen oder durchzusetzen sie immerzu aufgefordert werden, noch gar nicht kennen. »Schülerzentrierter Unterricht« hieß das Programm: eigentlich eine Selbstverständlichkeit, denn was soll Schule schon ins Zentrum rücken, wenn nicht den Schüler? So selbstverständlich war die Sache für die *Deutsche Schule*, das theoretische Organ der GEW, aber nicht. Sie widmete dem Thema einen längeren Aufsatz, in dem davor gewarnt wurde, das neue Schlagwort so zu verstehen, als ginge es dabei um Lehren und Lernen. Die Schule auf den Schüler zu zentrieren, verlange vielmehr, »sich als Repräsentanten der Erwachsenenkultur in Frage stellen zu lassen und Lernverweigerung der Schüler als ein positives Signal alternativer Wertvorstellungen zu begreifen«.

Man muss kein Kenner der Alternativkultur sein, um zu wissen, was mit solchen Wertvorstellungen gemeint ist. Die Auskünfte, die man dazu aus den Betrieben erhält, sind völlig eindeutig. Geklagt wird nicht nur über die mangelhafte Beherrschung der klassischen Kulturtechniken wie Lesen, Rechnen und Schreiben, sondern auch und noch viel lauter über die schlechte Arbeitshaltung der meisten Berufsanfänger. Falsche Einstellung zur Arbeit, mangelndes Verantwortungsbewusstsein, geringe Belastbarkeit und fehlende Konzentrationsfähigkeit heißen die Stichworte, die man am häufigsten zu hören bekommt, wenn man sich nach den subjektiven Gründen für die hohe Arbeitslosigkeit unter Jugendlichen erkundigt. Die orthodoxe Leistungskritik hat dazu kräftig beigetragen, als sie jede Schule, jede Klasse und schließlich jeden einzelnen Schüler vor dem Vergleich bewahren wollte. »Zuwachsorientierte Leistungsmessung« hieß die Zauberformel, die aus schwachen Schülern starke machte. In einem Beitrag zum Problem der Leistungsbewertung an Gesamtschulen schlug der Verfasser allen Ernstes vor, Leistung unter dem Aspekt zu betrachten, »in welcher Relation sie zur persönlichen Anstrengung steht. Leistungsschwächere Schüler können unter dieser Perspektive unter Umständen eine größere Denkleistung vollbringen als leistungsstärkere.« Die gute Absicht sollte den Erfolg ersetzen.

Kinder wollen wissen, wo sie »stehen«, und zwar nicht nur im Vergleich mit sich selbst, sondern auch im Verhältnis zu anderen. Ob es gelingt, ihnen Leistung schmackhaft zu machen, hängt zum guten Teil vom Lehrer ab. Denn das Bedürfnis, sich selbst und anderen zu beweisen, was man kann, sich über den Erfolg zu freuen und Misserfolge als Anstoß zu betrachten, es beim nächsten Mal besser zu machen, sitzt offenbar tief. Mark Twains Kinderheld Tom Sawyer wusste das genau, als er es darauf anlegte, das Anstreichen eines langen Bretterzauns nicht etwa als Strafe darzustellen, sondern als eine Gelegenheit, Sekundärtugenden wie Belastbarkeit und Durchhaltevermögen zu beweisen. Das gelang ihm so gut, dass seine Freunde schließlich Schlange standen und sogar Geld dafür boten, um eine Arbeit zu tun, für die sie selbst zunächst nur Hohn und Spott übrig gehabt hatten.

Die Pädagogik hat versucht, auf die Verwässerung des Leistungsbegriffs zu reagieren. Die Art, wie das geschah, war allerdings nicht viel geschickter als der Angriff selbst. Sie hatte sich zur Erziehungswissenschaft geadelt und wollte nun zeigen, dass sie begriffen hatte, was das hieß. Dazu brauchte sie Daten, denn Daten waren ein Zeichen für Objektivität, und Objektivität war ein Synonym für Wissenschaftlichkeit. Es entstand eine schier endlose Literatur, die nachwies, was eigentlich niemand, der etwas von der Sache verstand, jemals bezweifelt hatte: dass die Bewertung von Leistungen mit Ziffern von Eins bis Sechs ziemlich ungenau und einigermaßen willkürlich ist. Statt der Ziffern-Zeugnisse alten Stils sollte es etwas Neues geben, den Diagnosebogen und die verbale Leistungsbewertung. Schon das Wort machte klar, dass sich das Verfahren nicht mehr an der Pädagogik orientieren wollte, sondern an der Medizin. Man sprach von Diagnostik, Prophylaxe und Therapie, nicht mehr von Zeugnissen und Noten.

Das war ein hoher Anspruch, zu hoch wahrscheinlich für eine so »schmuddelige« Disziplin wie die Erziehungswissenschaft. Und überflüssig war er auch, denn die Gewohnheit, Leistung in Ziffern zu bewerten, war ja so lange unanstößig, wie man von ihr nicht allzu viel verlangte. Ralf Dahrendorf hat das Notensystem die Lingua franca des Schulbetriebs genannt, in die alles, schlechthin alles übersetzt werde, was in der Schule vorkommt. Solche Universalsprachen sind ihrer Natur nach praktische, aber auch ziemlich grobe Verständigungsmittel, und jeder, der sie kennt und nutzt, weiß das natürlich. Die Eltern wissen es, die Schüler und die meisten Lehrer wissen es auch; die Arbeitgeber wissen es sowieso und sehen sich die Noten nur noch flüchtig an. Kein Personalchef dürfte je daran gedacht haben, im Abgangszeugnis ein Prognoseinstrument zu sehen, das Auskunft gibt über das Leistungspotenzial eines Bewerbers. Realistisch wie sie ist, richtet sich die Wirtschaft immer weniger »nach dem Papier«, wie Roman Herzog das Abgangszeugnis nannte, »sie fragt, woher es kommt, und nur bei der Zulassung zu den Universitäten und bei der Einstellung in den öffentlichen Dienst ist das noch anders«. Die einzige Institution, die von der Vorläufigkeit des zu Noten geronnenen Lehrerurteils nichts weiß und amtlich auch nichts wissen darf, ist die ZVS, die Zentralstelle für die Vergabe von Studienplätzen in Dortmund. Sie verarbeitet Abiturdurchschnittsnoten, als hätten sie dieselbe Qualität wie Angaben über Augenfarbe und Körpergröße, und entscheidet auf dieser löchrigen Grundlage über das Lebensschicksal von jungen Menschen.

Damit übernimmt sie sich natürlich. Es gibt nun einmal keine objektive Leistungsmessung, genauso wenig wie es eine objektive Definition von Leistung gibt. Deshalb sind Zuteilungsverfahren wie das in Dortmund praktizierte letztlich inhuman. Sie erheben einen Anspruch, den jeder vernünftige Mensch vermeiden muss. Diagnosebögen oder standardisierte Tests mögen die Verlässlichkeit erhöhen, erfüllen können sie den Anspruch gewiss nicht. Leistung hat alle möglichen Facetten, weshalb mehrere Instanzen unter Beteiligung von vielen Richtern zu besseren Ergebnissen führen als jedes »objektive« Verfahren. Auch PISA »misst« nur eine Dimension von Leistung, die funktionalen Basiskompetenzen im Lesen, Rechnen und naturwissenschaftlichen Denken. Völlig zu Recht ist an diese Grenzen erinnert und davor gewarnt worden, aus einem beschränkten Ansatz übertriebene Folgerungen zu ziehen. Sich über den Leistungsstand der deutschen Schüler ein ungeschminktes Bild zu machen, ist eine gute Sache, solange dabei nicht vergessen wird, dass Leistung viele Dimensionen hat und mehr umfasst als Lesen, Schreiben, Rechnen. Das Urteil ohne Beimischung von persönlichen Vorlieben und Aversionen wird es in diesen Dingen niemals geben. Möglichst viele solcher Urteile einzuholen, nebeneinander zu stellen und gegeneinander abzuwägen ist wahrscheinlich der beste, vielleicht sogar der einzige Weg, der Objektivität näher zu kommen.

Viel wäre gewonnen, wenn man sich darauf verständigen könnte, dass es bei der Bewertung von Bildungsgängen so etwas wie Objektivität nicht gibt und man Begriffe, die so etwas suggerieren, tunlichst meidet. Wer beansprucht, Leistungen nicht bloß einzuschätzen, sondern regelrecht zu messen, weckt Erwartungen, die er unmöglich erfüllen kann. Deswegen sollte, wer das System nicht sprengen, sondern retten will, auf den Begriff der objektiven Leistungsmessung verzichten. Statt Objektivität zu versprechen, sollte er es darauf anlegen, den agonalen, spielerischen Charakter zu betonen, den jeder Leistungsvergleich an sich hat.

Wer glaubt, dass es für Kinder schwer ist, den Anforderungen des Lebens zu genügen, muss versuchen, sie rechtzeitig auf diese Anforderungen vorzubereiten. Geprüft und kontrolliert zu werden, kann man und muss man lernen; das Berufsleben setzt einen ständig solchen Situationen aus, so dass die Schule, wenn sie denn wirklich für das Leben tauglich machen will, auch darauf vorbereiten muss. Als die Kritik an der Leistungsbewertung mit Hilfe von Zeugnissen und Zensuren auf ihrem Höhepunkt war, meinte der Kinderpsychologe Reinhard Lempp, das Bedürfnis, sich abzugrenzen und besser zu sein als die anderen, sei so lange ein ziemlich harmloser Vorgang, »wie die Bewertung und die hierarchische Abgrenzung nur einen begrenzten Bereich umfasst und meine Teilnahme daran freiwillig ist. Sie ist so lange harmlos, wie die hierarchische Bewertung und Herabstufung keine ist, die die Person des Menschen in seinem Selbstwert und seiner Stellung in der Gemeinschaft berührt.«

Da hat er Recht. Als Kinderpsychologe zeigt Lempp ein Gespür für die Zumutung, die sich mit jeder Art von Urteil und Bewertung verbindet. Deswegen will er sie klein halten und immer nur auf ganz bestimmte Fähigkeiten angewandt sehen, nie auf den ganzen Menschen. Vielleicht hätte er hinzusetzen sollen, dass man als Lehrer dieser Gefahr nicht dadurch entkommt, dass man sich bei der Medizin bedient und Zeugnisse in Diagnosebögen umtauft. Ausführliche Charakter-Schilderungen, wie sie in solchen Bögen üblich oder sogar vorgeschrieben sind, erheben einen Totalitätsanspruch, auf den die Pädagogik lieber verzichten sollte. Auch wenn sie freundlich formuliert sind, wirken sie unvermeidlich indezent und oft verletzend. »Mein Bericht über dein Lernverhalten«, zitiert Hartmut von Hentig aus den »Mitteilungen zum Lernprozess«, die an seiner Bielefelder Laborschule die gewohnten Zeugnisse ersetzt hatten, »ist eigentlich immer ein Bericht über deine Person: deine Gaben, deine Schwierigkeiten, deine Bemühungen ...« und so weiter. Trotz der betont fürsorglichen Sprache ist die Anmaßung unüberhörbar. Man denkt an Dolf Sternberger, der Betreuung als diejenige Art von Terror definiert hatte, für die man auch noch dankbar sein muss. Die Pädagogik übernimmt sich, wenn sie versucht, Gesamturteile über die Persönlichkeit von jungen Menschen auszusprechen, und sie wird vollends unerträglich, wenn sie das auch noch mit dem Anspruch auf Objektivität verbindet. Auch Kinder haben ein Gespür für das, was ein Erwachsener über sie bemerken und aussprechen darf und was nicht. Gerade die Pädagogik sollte das wissen und respektieren.

Viele falsche Freunde

Woran die Gesamtschule gescheitert ist

Die öffentliche Reaktion auf die Ergebnisse der PISA-Studie wird als Schock bezeichnet. Man spricht von einem schwarzen Tag, der lange Schatten auf die Zukunft Deutschlands geworfen habe; denn dass das Land nur dann eine Zukunft hat, wenn es ihm gelingt, mit dem einzigen Pfund, das es besitzt, mit der Intelligenz, dem Fleiß und der Strebsamkeit seiner Bewohner zu wuchern, ist ziemlich unbestritten. Bedingung dafür ist ein leistungsfähiges Schulsystem; und das hat Deutschland, will man PISA folgen, eben nicht.

So allgemein, wie man das überall behauptet, kann das Entsetzen aber nicht gewesen sein. Zumindest für den radikalen Flügel der Schulreformer war das Ergebnis keine Überraschung, im Gegenteil. In einem Rundbrief an die Kultusminister der SPD-geführten Länder hatte Brigitte Speth, die Vorsitzende der sozialdemokratischen Arbeitsgemeinschaft für Bildung, das Resultat exakt vorausgesagt. Auch ohne aufwendiges Testverfahren sei doch für jeden klar, »dass Länder mit selektiven Schulsystemen, die den Strukturreformen der letzten dreißig Jahre widerstanden haben, bessere Schulleistungen in allen Schulformen haben werden« als Länder mit gesamtschulähnlichem System. Die CDU werde PISA als Beweis für die Überlegenheit des mehrgliedrigen Systems ausgeben und die Einheitsschule massiv angreifen, prophezeite Frau Speth. Damit war das Geplänkel über die Zukunft der Schule, der Kinder und des ganzen Landes wieder dort angekommen, wo es seit Jahren lust- und ergebnislos ausgetragen worden war, im toten Winkel der Parteipolitik. Für Überraschungen bleibt da in der Tat kein Platz.

Wenn die Parteiführung so weit vorgeprescht ist, darf die Truppe nicht zurückbleiben. Das tat sie denn auch nicht, sie folgte im Abstand von wenigen Tagen. Ende August 1999 teilte Marianne Demmer, Vorstandsmitglied der Gewerkschaft Erziehung und Wissenschaft, dem Generalsekretär der Kultusministerkonferenz mit, dass die Gewerkschaft von der ihr damals nur als Entwurf bekannten PISA-Studie überhaupt nichts halte. Man wisse doch längst, was bei solchen Untersuchungen herauskäme. Als Mittel, im Wettbewerb das beste Schulsystem herauszufinden, sei PISA völlig ungeeignet. Unseriös und tendenziös sei die Absicht, Gymnasien, Realschulen und Hauptschulen auf der einen Seite mit der Gesamtschule auf der anderen zu vergleichen; »unseriös und tendenziös deshalb, weil Bundesländer mit hochselektiven Schulsystemen auf der Basis eines Schulformvergleichs besser abschneiden müssen; nicht weil sie im repräsentativen Mittel besser sind, sondern weil der schulformbasierte Mittelwert in hochselektiven Schulsystemen besser sein muss als bei niedrigschwelliger Selektivität: Alles andere wäre eine Sensation.« Mit anderen Worten: Wir wissen zwar, dass wir nicht mithalten können, aber das haben wir so gewollt, und weil wir es so gewollt haben, werden wir uns durch keine Macht der Welt von unserer Linie abbringen lassen. Auch nicht durch PISA.

Die Ankündigung war ernst gemeint und hatte Konsequenzen. Das zeigte sich, als die Rücklaufquoten für die

Fragebögen, die von den PISA-Verantwortlichen ausgegeben worden waren, in den Haupt- und Gesamtschulen der GEW-beherrschten Stadtstaaten Hamburg und Berlin so kümmerlich waren, dass es für eine Auswertung nicht reichte. Die Kollegen hatten geahnt, was auf sie zukam, und den Boykott versucht; erfolgreich, wie man später merkte. Jürgen Baumert, der für PISA zuständige Abteilungsleiter am Max-Planck-Institut für Bildungsforschung in Berlin, sah darin ein Zeichen für die in manchen Lehrerkreisen gepflegte kulturelle Distanz zur Schule: eine Haltung, die unter Gesamtschullehrern und GEW-Mitgliedern besonders ausgeprägt zu sein scheint. Sie haben ihre eigene Auffassung vom Lehrberuf, verstehen sich mehr als Vorkämpfer für eine bessere Gesellschaftsordnung denn als Erzieher von jungen Menschen und liefern damit unfreiwillig Gründe für das Misstrauen, das der Gesamtschule zeit ihres Bestehens von bildungsbewussten Eltern entgegengebracht worden ist. Es richtet sich weniger gegen die Gesamtschule als Institution denn gegen die Pädagogen, die sich dieser Institution verbunden fühlen. Sie hatten sich viel vorgenommen und stehen jetzt mit ziemlich leeren Händen da. Was ihnen fehlt, sind gute Schüler.

Seit ihrer Einführung vor vierzig Jahren leidet die Gesamtschule deutscher Spielart unter einem Wettbewerbsnachteil, den nicht sie selbst zu verantworten hat, sondern das System, in dem sie ihre Vorzüge zu beweisen hatte. Der Deutsche Bildungsrat hatte die Bedingungen, unter denen das große Versuchsprogramm ablaufen sollte, Ende der sechziger Jahre klar formuliert. Gesamtschulversuche könnten nur dann gelingen, »wenn man sie auf einen Vergleich der vorgeschlagenen Versuchsschulen mit dem traditionellen dreigliedrigen Schulsystem beschränkt«. Das war ein fataler Satz, denn er verlangte von der Gesamtschule, gegen eine Konkurrenz anzutreten, der sie am Ende nicht gewachsen war. Die Kinder »aus besserem Haus«, mit bildungsfreundlichem Hindergrund also, zogen die Realschule oder das Gymnasium vor. Die Folge war, dass die Gesamtschule auf dem Rest sitzen blieb und zur zweiten Hauptschule wurde. Unter dem englischen Begriff *creaming* ist das Phänomen immer wieder beschrieben und attackiert worden: Die anspruchsvolleren Schulformen schöpften den Rahm ab und ließen für die Versuchsschule nur Magermilch übrig. Auch wenn die Gesamtschule mit ihrer aggressiven und betont bürgerfeindlichen Propaganda an dieser Entwicklung nicht unschuldig war, bleibt die Behauptung, sie habe ihre Vorzüge unter so ungünstigen Bedingungen nicht entfalten können, ein ernst zu nehmender Einwand gegen das Versuchsprogramm. Solange ihr die guten Schüler fehlen, wird die Gesamtschule niemals beweisen können, dass es ihr möglich ist, Gleichheit und Exzellenz miteinander zu verbinden. Als bloße Angebotsschule wird sie zur Sammelstelle für alle möglichen Problemkinder. Mit einer solchen Klientel muss die Gesamtschule bei vergleichenden Untersuchungen im Stil von PISA immer wieder schlecht abschneiden.

So weit der Befund. Er würde schwerer wiegen, wenn es die Gesamtschule nicht verstanden hätte, ihren soziologischen Nachteil in einen pädagogischen Vorteil umzumünzen. Ihr Wahlspruch hieß »Fördern statt Auslesen«, und diese Förderung sollte vor allem denen zuteil werden, die irgendwie schlecht weggekommen waren, schlechter als die meisten anderen Kinder. Im Fachjargon sprach man von Unterschichtenpädagogik oder kompensatorischer Erziehung, die Ausgleich schaffen sollte für allerlei herkunftsbedingte Handicaps. Das war natürlich teuer und rechtfertigte, nein: erzwang eine Reihe von Vergünstigungen, die von der Gesamtschule mit der Begründung, sie habe es ja auch viel schwerer als die anderen, immerzu verteidigt worden sind. Sie hat daraus sogar ein Werbeargument gemacht und an die Eltern Flugblätter verteilt, die sie dazu aufforderten, staatliche Hilfen für ihre Kinder »nicht zu verschenken«; schließlich sei die Gesamtschule besser ausgestattet als die Konkurrenz. Das stimmt: Mit ihren Ausgaben je Schüler liegt diese Schulform noch vor den Gymnasien. Der Wettbewerb, so wäre zu ergänzen, ist also keineswegs nur zu Lasten der Gesamtschule verzerrt worden, sondern auch zu ihren Gunsten. Das macht das Urteil über das, was sie unter besseren Umständen hätte leisten können, nicht eben leichter.

Misst man sie an den Zielen, zu denen sie sich selbst bekannt hat, ist die Bilanz enttäuschend. Die Absicht war, mehr für die zu tun, die weniger mitbrachten; der Förderunterricht, das Markenzeichen der Gesamtschule, war den schwächeren Schülern vorbehalten, er sollte ihnen helfen, den Anschluss nach oben zu finden. Erst das, die vielgerühmte Unterschichtenpädagogik, die sich bewusst auf die Seite der Zukurzgekommenen schlug, macht die Ergebnisse der PISA-Studie für die Gesamtschule so blamabel. Sie hat ja nicht irgendwo versagt, sondern genau dort, wo sie ihre Überlegenheit beweisen wollte, bei der gezielten Förderung der Mühseligen und Beladenen. Heute, eine Generation nach Einführung der Gesamtschule, steht ihre Klientel noch schlechter da als früher. Die Gruppe der leistungsschwächsten Kinder habe in Deutschland erheblich größere Schwierigkeiten beim Lesen und Verstehen als anderswo, stellt PISA fest.

Keine Gesamtschule hat daran etwas geändert, im Gegenteil scheinen in dieser Schulart Kinder aus bildungsfernen Schichten noch weiter zurückzufallen als anderswo. Die Chancen sind nicht ausgeglichen worden, sie wurden nicht einmal angeglichen. Sie sind einfach vertan worden.

Die Frage ist, was daraus folgt. Unmittelbar nach Bekanntwerden der beschämenden Resultate hat die GEW die Parole ausgegeben, PISA habe die Gesamtschule bestärkt, nur eben nicht in ihrer deutschen Form, als eine Schule unter vielen. Das klang harmlos, lief aber auf die Erneuerung und Bekräftigung des alten Anspruchs hinaus, das mehrgliedrige Schulwesen, wie es sich in Deutschland herausgebildet hatte, nicht etwa zu ergänzen, sondern zu ersetzen. Die Gesamtschule hat sich noch nie als Angebotsschule verstanden, sie wollte Monopolschule sein und sonst nichts: »Nicht das viergliedrige Warenhausangebot für den Elternwillen, sondern das einheitliche Gesamtschulsystem für alle Kinder« sei die organisatorische Voraussetzung dafür, mit allen Schulproblemen fertig zu werden, hieß das Dogma der überzeugten Gesamtschulfreunde schon vor Jahren. Damals mochte das als eine theoretische Marotte durchgehen, die mangels Erfahrung auf Hoffnung setzte. Inzwischen, nach PISA, klingen solche Bekenntnisse aber gefährlich. Sie sind eine Drohung, die Ideologie über die Wirklichkeit zu stellen. Weil man beim Wettbewerb schlecht abgeschnitten hat, will man die Konkurrenz loswerden. Die Rechnung, die da aufgemacht wird, ist simpel: Wenn es keine Vergleichsschulen mehr gibt, kann man beim Schulvergleich nicht mehr verlieren.

Alles aus einer Hand, an dieser Wunschvorstellung hat sich nichts geändert. Die Einheitsschule will nicht nur die verschiedenen Schulzweige, die Haupt-, Real- und Oberschule, in sich aufsaugen, sondern die einzelnen Schultypen, das altsprachliche und das neusprachliche, das musische und das mathematisch-naturwissenschaftliche Gymnasium auch. Da ihr, wenn es nur sie noch gibt, die Schüler zugewiesen werden, kann sie auf Kundenfreundlichkeit verzichten; wo das Parochialprinzip herrscht, braucht man auf Schüler und Eltern keine Rücksicht zu nehmen. Gute und schlechte Schüler werden gleichermaßen eingezogen, denn entscheidend sind nicht mehr Vorlieben und Stärken, sondern das Äußerlichste von allen Kriterien, der Wohnsitz. Wenn alle beieinander sind, sollen die leistungsstärkeren Schüler das schaffen, was den Gesamtschullehrern offenbar nicht geglückt ist: Sie sollen als Zugpferde für die Schwächeren dienen und den Leistungsstand der Schule insgesamt heben. Man kann das glauben oder nicht; Beweise dafür, dass die Gesamtschul-Parole »Alle Schüler schaffen es« mehr ist als ein freundlicher Wunsch, gibt es nicht. Auch in Schweden, dem gelobten Land der Gesamtschulenthusiasten, schaffen es beileibe nicht alle Schüler; im Gegenteil gibt es Anzeichen dafür, dass Kinder aus den unteren Gesellschaftsschichten heute genauso schlecht dran sind wie vor hundert Jahren. Die schwedische Einheitsschule sei eine höchst effektive Veranstaltung, um Chancengleichheit zu verhindern, heißt das zusammenfassende Urteil des deutschen Pädagogen Frank Achtenhagen, der das schwedische Modell im Auftrag der Regierung begleitet hatte.

Überrascht haben kann so etwas nur die Orthodoxen, die sich von der Verbesserungsfähigkeit des Menschen und der Gesellschaft übertriebene Vorstellungen gebildet hatten. Sie wollen nicht wahrhaben, dass der Einfluss des Elternhauses in dem Maße wachsen muss, wie das Gewicht der Schule abnimmt. Und eben das, das Absenken von Ansprüchen und Erwartungen, hat die Reformbewegung unablässig propagiert. Der Lehrer sollte seine Maßstäbe, seine Anforderungen und schließlich auch sich selbst »zurücknehmen«, hieß es in jedem Seminar. Mit dem Vorschlag, Erziehung rundweg abzuschaffen und die Schule zum erziehungsfreien Raum zu deklarieren, in dem das menschliche Bedürfnis nach Zuneigung und Anerkennung »liebevoll befriedigt wird«, wird man heute nicht mehr viel Eindruck machen. Vor gar nicht allzu langer Zeit war das jedoch noch anders. Die Aversion gegen jede Art von Anforderungen sitzt in der progressiven Pädagogik ziemlich tief. Sie erklärt beides, die Abneigung bürgerlicher Kreise gegen die Gesamtschule und den beklagenswerten Leistungsstand von Kindern, die bei ihren Eltern das Maß an Zuwendung und Hilfe nicht gefunden haben, das in bürgerlichen Häusern immer noch üblich ist.

Nach solchen Erfahrungen hat sich die Hoffnung auf eine kompensatorisch wirkende Erziehung weitgehend erledigt. Die Frage stellt sich heute anders, nämlich so: Darf die Schule die Startvorteile, die Kinder mit bildungsfreundlichem Hindergrund zweifellos genießen, als Angebot begrüßen und verstärken, oder soll sie versuchen, der Gleichheit dadurch aufzuhelfen, dass sie die Unterschiede abschleift? Für die geschworenen Freunde der Gesamtschule dürfte die Antwort feststehen. Begriffe wie Elternrecht und Elternwille sind ihnen schon immer verdächtig vorgekommen. Statt der Eltern, diesen Agenten der Ungleichheit, die mit ihrem Besitz auch ihre Statusprivilegien vererben, wollen sie, die Lehrer, über das Schicksal der Kinder entscheiden. Chancengleichheit ist ja erst dann gegeben, wenn alle herkunftsbedingten Einflüsse auf den Bildungsweg der Kinder ausgeschaltet sind. Diese Herkunftsblindheit erkennt der Fachmann daran, dass sich alle Einkommensgruppen, alle Bildungsschichten und alle sozialen Klassen auf jeder Stufe des Schulwesens in dem Verhältnis wiederfinden, in dem sie in der Gesellschaft insgesamt vorkommen. Wer sich nach dieser Formel richtet, wird im Lehrer den Sozialarbeiter sehen, der seine Jahrhundertaufgabe nur dann erfüllen kann, wenn er den Eltern gegenüber weisungsberechtigt ist. Das Recht der Eltern auf freie Wahl der Schule könne nur dort unterstützt werden, wo es der Einrichtung von Gesamtschulen dient, hat ein GEW-Funktionär dazu bemerkt. Es geht wie bei George Orwell: Alle Eltern sind gleich, doch einige sind gleicher als die anderen.

Diese Politik hat eine Bewegung in Gang gesetzt, bei der die Gesamtschule immer weiter nach unten rutschte, in das soziale Ghetto der Leute ohne Antrieb, ohne Ehrgeiz und ohne Hoffnung. Eltern, die Bescheid wussten und ihr Sorgerecht erst nahmen, machten einen weiten Bogen um eine Institution, die glaubte, ihnen im Namen des pädagogischen Fortschritts über den Mund fahren zu sollen. Bekennende Gesamtschulanhänger reagierten auf diese Absetzbewegung mit immer neuen Angriffen aufs Elternrecht und beschleunigten damit einen Trend, den aufzuhalten oder umzulenken in ihrem ureigensten Interesse gelegen hätte. Denn ihre Schule konnte ja nur dann Erfolg haben, wenn sie mehr Kinder aus bildungsfreundlichem Milieu anzog; und ob ihr das gelang, hing davon ab, wie viel Respekt sie für das Elternrecht auf freie Schulwahl aufbrachten. Dieses Recht hat immerhin Verfassungsrang und wird ja auch von ihren eigenen Leuten mit größter Selbstverständlichkeit beansprucht. Hildegard Hamm-Brücher, die als Staatssekretärin im hessischen Kultusministerium die Gesamtschule als Regelschule einführen wollte, hat auf die Frage, warum sie ihre eigenen Kinder ins Internat nach Schloss Salem schickte, die schöne Antwort gegeben: »Mit seinen eigenen Kindern ist man immer eigen.« Andere Eltern auch; die wissen aber nicht, was Salem ist, und können deshalb billig abgespeist werden.

Wahrscheinlich müsste man, um Chancengleichheit effektiv zu garantieren, es ähnlich machen wie die Spartaner. Die sahen in der Erziehung eine öffentliche Aufgabe, die den Eltern so früh wie möglich abgenommen werden musste. So etwas haben die Theoretiker der Chancengleichheit zwar nicht verlangt; gespielt mit dieser Möglichkeit haben sie aber doch. In einer Gesellschaft, die nach dem Konkurrenzprinzip arbeite, müssten erfolgreiche Eltern versuchen, ihre Position an ihre Kinder zu vererben, schrieb Christopher Jencks, ein damals einflussreicher Soziologe, während erfolglose Eltern gar nicht anders könnten, als ihre Handicaps an die nächste Generation weiterzureichen. Seine Folgerung war klar: »Wenn eine Gesellschaft die Bindungen zwischen Eltern und Kindern nicht vollständig abschafft, garantiert die Ungleichheit der Eltern ein gewisses Maß an Chancenungleichheit der Kinder.«

So ist es, und zwar in allen Schulsystemen der Welt. Auch in den Ländern des real existierenden Sozialismus war das so; da spielte die Nomenklatura, die Parteiprominenz der KPdSU oder der SED, die Rolle der Führungsschicht, die ihre Statusvorteile an Kinder und Enkel weitervererben wollte. Da dieses Bedürfnis weniger vernunft- als instinktgeleitet ist, ist es gegen die Eingriffs- und Ausgleichsversuche der öffentlichen Hand ziemlich resistent. Eine Generation nach Einführung der

Einheitsschule in Schweden zog eine von der Regierung beauftragte Untersuchungskommission Bilanz. Viel Neues zu berichten gab es nicht: Einen nennenswerten Beitrag zum Abbau gesellschaftlicher Unterschiede hatte die Schule, die von so großen Hoffnungen begleitet worden war, nicht geleistet. Die Bereitschaft, sich am Aufstieg durch Bildung zu beteiligen, sei nach wie vor von Schicht zu Schicht höchst unterschiedlich ausgeprägt, meinte die Kommission. Mit Ausnahme der Bauernkinder, die inzwischen besser dastünden als hundert Jahre zuvor, seien es durchweg dieselben Schichten wie damals, die vom Ausbau des Bildungswesens profitiert hätten. Nach wie vor sei der Einfluss der Eltern auf den Bildungs- und Berufsweg der Kinder stark genug, um alle staatlich verfügten Ausgleichsmaßnahmen zu unterlaufen. In einer Gesellschaft, die die Beziehungen zwischen Eltern und Kindern nicht auf ein Minimum reduziert, ist auch nichts anderes zu erwarten. Sicherster Indikator für den Schulerfolg der Kinder ist immer noch die Menge, die nackte Zahl der zu Hause greifbaren Bücher. Und über die entscheiden die Eltern, auch in sozialdemokratisch geführten Ländern.

Um Bildungschancen auszugleichen, gibt es grundsätzlich zwei Möglichkeiten: Man kann mehr für die tun, die weniger mitbekommen haben, oder denen, die schon mehr mitbringen, in der Schule weniger bieten. Auch dieser zweite Weg ist von den Chancengleichheitstheoretikern beschrieben worden, und auch diese Theorie hat Folgen gehabt. Wer es mit den Reformen eilig hatte – und in Deutschland hatte man es immer sehr eilig –, kommt auf dem zweiten Weg natürlich schneller voran als auf dem ersten; fördern ist mühsam, bremsen ist leicht. In seinem Buch *Chancengleichheit* stellt Christopher Jencks dazu folgende Überlegungen an: »Wenn sämtliche Arbeitgeber die Bewerber mit statusniedrigen Vätern bevorzugen würden, könnte die Korrelation zwischen dem Status von Vater und Sohn aufgebrochen und schließlich ausgeschaltet werden.« Sie könnte, aber um welchen Preis! Dass er die einen bevorzugt, indem er die anderen schädigt, und zwar aus Gründen, die mit Leistung nichts zu tun haben, scheint Jencks nicht sonderlich beschwert zu haben. Er geht sogar noch einen Schritt weiter und empfiehlt, mit dem Chancenausgleich nicht erst im Beruf, sondern schon an der Schule zu beginnen. Wenn man hochbegabte Kinder nur ein bis zwei Jahre lang zur Schule schicken würde, durchschnittlich begabte aber sechs Jahre lang, unterdurchschnittlich begabte zwölf Jahre lang und die sehr langsamen Lerner volle achtzehn Jahre lang, hätte man nicht nur Startchancen egalisiert, sondern die Zielchancen auch. Wie alle Gleichheitstheoretiker dachte Jencks an Ergebnisgleichheit, wenn er von Chancengleichheit sprach.

Seine Vorschläge ernst zu nehmen fällt heute, nach dem Abklingen des Erbe-Umwelt-Streites, nicht ganz leicht. Damals, vor dreißig Jahren, waren sie allerdings in aller Pädagogen Munde; Jencks Buch wurde, ähnlich wie der von Heinrich Roth herausgegebene Sammelband über *Begabung und Lernen*, zum Bestseller, der eine ganze Lehrer-Generation mit Ideen versorgte. Sie lieferten die Argumente, wenn ein Lehrer Partei nehmen wollte für die einen und gegen die anderen. Die »Notengutschriften für Arbeiterkinder«, wie sie in Hessen allen Ernstes propagiert worden sind, markieren das eine Ende dieser Ideologie, die Note »Fünf« für einen Aufsatz, der seine großbürgerliche Herkunft dadurch verraten hatte, dass er von »Herrenzimmer« sprach, das andere. Solche

Praktiken haben die Gesamtschulbewegung bei allen, die an das Versprechen vom Aufstieg durch Bildung geglaubt hatten, in Verruf gebracht. Sie schadeten ja auch und gerade denen, die sie protegieren wollten, den Kindern aus der Unterschicht. Die hatten nun zwar gute Noten, aber schlechte Berufsaussichten, weil sich die Praxis herumgesprochen hatte und ihre Zeugnisse nicht mehr viel galten.

Alles gleich groß zu ziehen, gelingt auch dem besten Gärtner nicht; alles gleich klein zu schneiden, schafft aber auch der Tölpel. Was ist von einem Unterricht zu erwarten, der um die Frage kreist, wie sich verhindern lässt, »dass Schüler mit günstigen Eingangsbedingungen und höherer Lerngeschwindigkeit sich in der frei bleibenden Zeit zusätzliche Kenntnisse aneignen, die ihnen gegenüber den anderen, sozusagen einfach erfolgreichen Schülern doch wieder Leistungsvorteile sichern«? Nichts Gutes jedenfalls. Solche Rezepte haben die Liebhaber der Gesamtschule in jene Außenseiterposition gedrängt, über die sie sich unablässig beklagen. Sie vergraulten und vertrieben die Schüler, um die sie hätten werben müssen, wenn ihr pädagogisches Konzept, das gemeinsame Lernen von Kindern mit unterschiedlichsten Voraussetzungen, aufgehen sollte. Weil sie das nicht taten, wurde die Gesamtschule in Deutschland zur Hauptschule im Ganztagsbetrieb.

Aus dieser Vorgeschichte zieht die Reformbewegung einen falschen Schluss, wenn sie erklärt, PISA habe die Gesamtschule bestätigt, nur eben nicht in ihrer deutschen Form. »Ihr müsst den Versuch flächendeckend machen«, soll heißen, »dann gelingt er auch«. Auf ein derartiges Großexperiment sollte man sich aber nur dann einlassen, wenn dafür viele gute Gründe sprechen oder diejenigen, die dazu raten, vertrauenswürdig sind. Beides ist nicht der Fall. Die guten Gründe sind nach PISA nicht erkennbar, und am Vertrauen in die Leute, die so etwas fordern, fehlt es auch. Die Anhänger der Gesamtschule haben sich immer als Trommler verstanden, nicht als Aufklärer, und ihre Wissenschaft als Propagandawaffe eingesetzt, die der guten Sache zuliebe auch vor Entstellungen nicht zurückschreckte. *Die Kunst der manipulativen Berichtlegung in der Evaluationsforschung* hieß der Titel eines längeren Berichts, in dem der Psychologe Heinrich Wottawa die methodischen Fehler auflistet, mit denen die Ergebnisse der Gesamtschulversuche in Nordrhein-Westfalen wissenschaftlich geschönt worden sind.

Die Mühen des Alltags sind eben nichts für Pädagogen, die ihren Blick auf große und ferne Ziele gerichtet halten, auf die Zukunft der Arbeiterklasse, die Zukunft der Frauenbewegung, die Zukunft des Wachtelkönigs und so weiter. Sie denken an den Zustand des Planeten und vergessen darüber das Schicksal der Kinder, die ihnen vor den Füßen sitzen. Janusz Korczak, der polnische Kinderarzt, hat einmal gesagt: »Der Erzieher ist nicht verpflichtet, Verantwortung für die entfernte Zukunft auf sich zu nehmen; aber er ist voll verantwortlich für den heutigen Tag.« Die fortschrittlichen Pädagogen würden das wohl anders sehen. Sie würden den heutigen Tag gern hinter sich lassen, um Verantwortung für irgendeine ferne Zukunft zu übernehmen. Denn das ist leichter als der mühselige Versuch, einem Kind Lesen, Rechnen und Schreiben beizubringen.

Freiheit von oben und Druck von unten

Was die Universität braucht

Die Bildungsreformer waren ehrgeizige Leute. Mit ihren Erneuerungsvorschlägen haben sie ziemlich weit oben angesetzt, knapp unterhalb der Spitze der vielstufigen deutschen Bildungspyramide, beim Zeugnis der Reife, dem Abitur. Für das, was darunter war und früher kam, für Kindergärten und für Grundschulen, hatten sie nicht viel übrig, den Beitrag und die Mitarbeit des Elternhauses setzten sie voraus. Da sie selbst studiert hatten, konzentrierte sich ihre Aufmerksamkeit auf die höheren und die Hohen Schulen, die in Deutschland ja die allerhöchsten sind. Mit seinem Dogma, dass sich das Bildungspotenzial eines Volkes in der Zahl seiner Abiturienten offenbare, sprach Georg Picht eine Überzeugung aus, die er in seinen Kreisen nicht erst zu begründen brauchte. Für ihn und seine Freunde waren die unteren Ränge des Bildungsbetriebs der Wurzelgrund, auf dessen natürliche Fruchtbarkeit man sich verlassen durfte. Dass der Nachwuchs einmal knapp werden oder sonst wie aus der Art schlagen könnte, lag außerhalb ihres Weltbildes. Kinder waren einfach da, zahlreich genug und bildsam genug, um alle Wünsche zu erfüllen und den Bedarf an Arbeitskräften zu decken. Sie warteten nur darauf, von Bildungswerbern entdeckt, an der Hand genommen und auf der Bildungsleiter weiter nach oben geführt zu werden. Reserven aufzuspüren, Barrieren zu beseitigen, Chancen zu eröffnen, das waren die

Aufgaben des Bildungspolitikers; den Rest besorgten die Eltern und die allgütige Natur.

Lässt man die Maßstäbe der Reformer gelten, dann haben sie Erfolg gehabt, großen Erfolg sogar. Die Zahl der Abiturienten hat stark zugenommen, in dreißig Jahren, zwischen 1970 und 2000, hat sie sich ungefähr vervierfacht. Auf der nächsthöheren Etage des Bildungswesens hat sich diese Entwicklung fortgesetzt und die Zahl der Studenten um das Dreifache steigen lassen; inzwischen liegt sie bei etwa 1,8 Millionen. Das ist eine Entwicklung, mit der auch die ehrgeizigsten Bildungswerber zufrieden sein könnten. Das sind sie aber keineswegs, sie sind es auch noch nie gewesen. Nachdem sie zunächst den unzureichenden Ausbau von Schulen und Hochschulen kritisiert hatten, bemängelten sie später deren schlechte Qualität. Zehn Jahre nach seinem ersten Notschrei meldete sich Georg Picht noch einmal zu Wort, diesmal mit Vorwürfen gegen die Universitäten. Er beklagte sich über das erbärmliche Niveau der deutschen Hochschulausbildung, die kaum noch konkurrenzfähig sei, und schlug vor, durch eine verbesserte Planung die Dinge in den Griff zu bekommen. Wie gewohnt, erwartete er das Heil von oben, durch die Aufsicht und den Eingriff des Staates. Dass die Zahl der Studenten dramatisch zunehmen würde, sei doch seit Jahr und Tag bekannt gewesen, grollte er. Man hätte Zeit genug gehabt, alle die Maßnahmen in Gang zu setzen, die nun viel zu spät »und mit unvorstellbarem Dilettantismus« ergriffen worden seien. Es klang wie immer, wenn Georg Picht auf die Kanzel stieg, um die Nation zu katechisieren: noch einmal eine große Anstrengung, und alles würde endlich wieder gut. Auf den Gedanken, dass der Staat mit Planungen und Finanzierungen in diesem Ausmaß und in einem solchen

Tempo überfordert sein könnte, ist Picht nicht gekommen. Zumindest hat er ihn nicht geäußert.

Und doch war es so. Stark und wohlhabend genug, das Bildungswesen auszuweiten, war der Staat allemal; die damit fälligen organisatorischen Veränderungen hat er aber nicht mehr zustande gebracht, bis heute nicht. Dazu gab es zu viele, die ein Interesse daran hatten, dass die Reform auf halbem Wege stecken blieb. Es kam zu dem bekannten Phänomen, zum Ausbau ohne Umbau. Sein hässliches Resultat ist die Massenuniversität, an der Millionen von jungen Leuten nach Grundsätzen studieren, die für ein ganz anderes, viel kleineres Publikum entworfen worden waren. Nicht, dass eine Neuorganisation des Studienbetriebs nicht immer wieder angemahnt und versucht worden wäre. »Heute studieren nicht nur wesentlich mehr, sondern auch anders vorgebildete und geprägte Studenten als vor zwanzig Jahren«, hieß es in einer Verlautbarung des Bundesbildungsministeriums aus dem Jahr 1978. Es war die große Zeit der Studienreformkommissionen, die es in jeder Gestalt und auf allen Ebenen, in zentraler und dezentraler Form, im Bund, in den Ländern und an jeder einzelnen Hochschule gab. Gemessen an ihrem Auftrag haben sie freilich allesamt versagt. Von ihrem wichtigsten Ziel, der auf vier Jahre begrenzten Regelstudienzeit, ist man heute noch genauso weit entfernt wie damals. Nur in zwei Studiengängen, in den Rechtswissenschaften und der Pharmazie, ist das Reformversprechen erfüllt und die Studienzeit deutlich verkürzt worden. Der durchschnittliche Student bevölkert die Universität bis zu seiner ersten Abschlussprüfung mehr als zwölf Semester lang, viele sogar erheblich länger – von Studium, was »Fleiß« bedeutet, spricht man in solchen Fällen lieber nicht. Studentsein ist zur Lebensform geworden, zu einem Halbberuf, der zwar nichts einbringt, aber auch nicht viel kostet, weil man in Deutschland gebührenfrei studieren kann. Das deutsche Studium ist, wie es verräterischerweise heißt, »umsonst«. Und wenn es nach dem Bundesbildungsministerium geht, wird es dabei auch bleiben.

Der Erfolg ist danach. Will man die Zahl derjenigen Studenten, die die Universität ohne Abschluss verlassen, als Erfolgskriterium gelten lassen, hat sich in den vergangenen dreißig Jahren nichts verbessert. Die Zahl der Abbrecher ist nach wie vor gewaltig, in manchen, vor allem geisteswissenschaftlichen Fächern erreicht jeder zweite Student keinen ordentlichen Abschluss, in der Philosophie ist das formlose Ende sogar die Regel. Das muss kein Schaden sein, wenn man die Zeit dazu benutzt, seinen Horizont zu erweitern und etwas für die überfachliche Bildung zu tun; eine realistische Vorbereitung auf das Leben, wo Zeit und Geld bekanntlich eine Rolle spielen, ist es aber nicht. Der Ausbau ohne Umbau, mit dem sich die Reformer zufrieden gegeben haben, fordert seinen Preis, meistens von den Studenten.

Die Hauptursache für diesen ausgeprägten Immobilismus ist der Staat. Seitdem er in der Beschäftigungspolitik die erste und wichtigste seiner Aufgaben entdeckt hat, liegt ihm daran, dass junge Leute lange studieren und nicht kurz. Als Arbeitsmarktpolitiker betrachtet er die Hochschulen als Zulieferbetriebe für die freie Wirtschaft und den öffentlichen Dienst. Nach der Regel »Ein Student mehr ist ein Arbeitsloser weniger« hat er den Hochschulen eine Mitverantwortung für die Beschäftigungspolitik zugemutet, die ihnen schlecht bekommt. Im Namen des Arbeitsmarktes, der geschont werden müsse, verhindern Hochschulpolitiker, was sie zum Zweck der

Studienreform verlangen, eine Verkürzung der Ausbildungszeiten. Der frühere hessische Kultusminister Ludwig von Friedeburg hat es ständig wiederholt: Wer lange studiert, entlastet den Arbeitsmarkt, tut also der Gesellschaft etwas Gutes. Die sozialdemokratische Marotte, den Arbeitsmarkt zur alles bestimmenden Größe der Politik hochzustemmen, macht jede eigenständige Hochschulpolitik unmöglich. So ist Deutschland zum Land mit den jüngsten Rentnern und den ältesten Studenten geworden.

Auch die Rechtsprechung hat dem Zeitgeist geopfert und auf ihre Art dafür gesorgt, dass aus der Studienreform nichts wurde. Die Bildungswerbung, die in den sechziger Jahren in Gang gekommen war und in den Siebzigern ihren Höhepunkt erreichte, setzte die Hochschulen einem Nachfragedruck aus, der sie dazu zwang, Vertrauensbeziehungen durch Rechtsbeziehungen zu ersetzen. Seitdem sind die ehemals autonomen Hochschulen nicht mehr Herr im Haus. Sie bewegen sich auf dem Niveau von nachgeordneten Behörden, vergleichbar einem Gesundheitsamt oder dem städtischen Schlachthof. Am Anfang stand das berühmte Urteil, mit dem das Bundesverfassungsgericht 1972 den Hochschulen die erschöpfende Nutzung ihrer Ausbildungskapazitäten zur Pflicht machte. Diese Entscheidung brachte in schneller Folge bürokratische Monster wie Curricularrichtwerte, flächenbezogene Studienplätze und die Zentralstelle für die Vergabe von Studienplätzen in Dortmund hervor: Einrichtungen und Auflagen, die den Hochschulen das überkommene Recht zur selbstständigen Regelung ihrer Angelegenheiten aus der Hand schlugen und sie, wie Peter Wapnewski gespottet hat, zu Einrichtungen mit Kapazität, aber ohne Kapazitäten machte. Eigene Ansprüche zu stellen und durchzusetzen, ist ihnen seither untersagt. Mit welcher Rücksichtslosigkeit sich der Grundsatz der erschöpfenden Nutzung über akademische Ansprüche und Traditionen hinwegsetzte, hat ein zweites, ebenfalls höchstrichterliches Urteil gezeigt. Es erklärt die Niveaupflege ausdrücklich für »unzulässig« und verbietet den Hochschulen, die Ausbildungsqualität dadurch zu verbessern, dass sie weniger Studenten zulassen, um sie gründlicher zu unterrichten. Eine Institution, die in diesem Tonfall zur Ordnung gerufen, also dazu verpflichtet wird, sich um Ausbildung zu kümmern und um sonst nichts, hat ihre Selbstständigkeit verloren. Neben dem Gebot, Massenausbildung zu betreiben, bleibt ihr für Reformanstrengungen, Leistungsbewusstsein und die erwähnte Niveaupflege keine Zeit.

Der entscheidende Beitrag, der jede Neuerung blockierte und die Universität so ließ wie sie war, nur eben teurer, größer, hässlicher und anonymer als bisher, kam allerdings von einer dritten Seite. Die Studentenschaft, seit 1968 Spielführer in der Hochschulpolitik, hatte die Forderung nach Mitbestimmung ins Zentrum der Bewegung gerückt. Sie verlangte – und erhielt ja auch – die Gruppenuniversität, ein Gebilde, in dem Studenten und Professoren, wissenschaftliche und sonstige Mitarbeiter drittel- oder viertelparitätisch vertreten sind. Der Schlüssel, nach dem die Gruppen bestimmt und die Stimmen verteilt wurden, hat im Laufe der Jahre gewechselt, das Prinzip blieb jedoch erhalten. Die theoretische Begründung für diese Umverteilung der inneruniversitären Macht hatten die vier Frankfurter Professoren Erhard Denninger, Ludwig von Friedeburg, Jürgen Habermas und Rudolf Wiethölter mit den Leitsätzen geliefert, die sie dem Entwurf eines neu gefassten hessischen

Universitätsgesetzes voranstellten. Dort verkündeten sie die Prinzipien, die bei der weiteren Gesetzgebung im Bund und in den Ländern zu beachten wären. Initiative, Willensbildung, Verwaltung und Kontrolle an den Hochschulen sollten so geordnet werden, »dass alle relevanten Entscheidungsprozesse von der hochschulinternen Öffentlichkeit legitimiert und von Teilkörperschaften kontrolliert werden«, hieß es da. Hochschulpolitische Fragen müssten als politische Fragen behandelt und entschieden werden, die einzelnen Gruppen hätten sich wechselseitig zu überwachen, »gruppenspezifische Interessen« sollten angemessen zur Geltung kommen. Das waren die Vorschläge, die der deutschen Hochschulpolitik im Weiteren die Richtung wiesen.

Die vier Autoren haben versichert, dass sie die Autonomie der Universität, ihr Recht auf Selbstentscheidung in Angelegenheiten der Forschung und der Lehre, nicht etwa beschneiden, sondern stärken wollten. Man darf das glauben, muss sich dann aber über die Naivität von Professoren wundern, die einen Ausflug in die Politik riskieren. In einem Vortrag vor der westdeutschen Rektorenkonferenz hat Jürgen Habermas die Alternative, so wie sie ihm und seinen Mitstreitern damals vor Augen stand, präzise formuliert: Entweder, erklärte er, »zieht die Kultusverwaltung immer mehr Kompetenzen einer entpolitisierten Hochschule an sich und entscheidet in relativ großer Entfernung von den Betroffenen administrativ; oder die Hochschule selbst konstituiert sich als eine auf dieser Ebene politisch handlungsfähige Einheit und vertritt sachverständig ihre legitimierten Ansprüche«. Habermas plädierte für den zweiten Weg, weil eine Reihe von Interessen, die im Hochschulsystem befriedigt werden müssten, nicht organisationsfähig wären, »also keine wirksame Lobby finden und daher in Konkurrenz mit den organisierten Gruppeninteressen geringere Durchsetzungschancen haben«. In der universitären Mitbestimmung sah er die Chance, das Organisationsunfähige zu organisieren, dem schwer Artikulierbaren Ausdruck zu verleihen und sich zum Anwalt von Interessen zu machen, die sich gegen Interessenvertretung gemeinhin sperren.

Rückschauend darf man sagen, dass Habermas die falsche Alternative vorgetragen hatte. Die Kultusbürokratie nahm die Herausforderung an, die ihr da zugestellt worden war, und traf ihre Vorkehrungen. Sie legte die Universität an die kurze Leine, ohne dass diese von Fraktionskämpfen und Personalintrigen geschwächte Einrichtung in der Lage gewesen wäre, sich dagegen zu wehren, ihre legitimierten Ansprüche sachverständig vorzutragen, ihre Autonomie wirkungsvoll zu verteidigen und wie die Floskeln sonst noch hießen. Erfahrene Hochschulpolitiker wie Ludwig Raiser haben die von Habermas ersehnte Politisierung von Anfang an nicht als Chance wahrgenommen, sondern als Gefahr. Die durchpolitisierte Universität werde ihre Autonomie nicht bewahren können, warnte Raiser, sondern verspielen. Tatsächlich ist es so ja auch gekommen. Der Machtkampf, auf den die Hochschule sich damals eingelassen hatte, ist von der Bürokratie gewonnen worden, nicht von den Professoren.

Das weitere Schicksal der Reform entschied sich auf einem Gebiet, auf dem sich die Interessen der veränderungsresistenten Kultusbürokratie mit denen der statusbewussten Gruppenuniversität deckten. Das war das öffentliche Dienstrecht. Seine Vorteile wollten die einen um jeden Preis bewahren, die anderen um jeden Preis erwerben. Um das zu schaffen, mussten sie lang studieren und nicht kurz, denn unter den Bedingungen des deutschen Beamtenrechtes zahlte es sich aus, einige Semester dranzuhängen. Mit dem Staatsexamen hatte man Anspruch auf Einstellung in den höheren Dienst, was besseres Einkommen und höhere Pension versprach, unwiderruflich und lebenslang. In einer Zeit, in der die weit überwiegende Zahl der Hochschulabsolventen damit rechnen durfte, beim Staat unterzukommen – 1972 landeten von insgesamt 60 000 Absolventen 41 000, also mehr als zwei Drittel, im öffentlichen Dienst –, bedeutete das eine fast unwiderstehliche Einladung, ein paar Semester länger zu studieren. Das war das dritte und entscheidende Hindernis, an dem sich der Reformwille schließlich brach.

Wer eine Erklärung dafür sucht, warum die beiden Reformideen der siebziger Jahre, die Gesamthochschule und die Integrierte Gesamtschule, so unterschiedlich aufgenommen worden sind, findet sie hier, in den Absonderlichkeiten des öffentlichen Dienstrechtes. Während die Gesamtschule allen ihren Lehrern Besoldung auf dem relativ höchsten Niveau versprach, glaubte die Gesamthochschule dem größten Teil ihrer Absolventen Status- und Einkommensverlust zumuten zu dürfen. Das war eine Illusion, an der sie dann sehr bald gescheitert ist. Die meisten Studenten konnten nämlich rechnen und entschieden sich gegen die Reform. Sie ließen den kurzen Ast, das Studium von sechs Semestern, verdorren, weil es ihnen nicht den höheren, sondern nur den gehobenen Dienst einbrachte. So hatten sie aber nicht gewettet, als sie für die Reform auf die Straße gezogen waren. Natürlich wollten die Studenten Gleichheit, aber doch nicht als Angleichung nach unten, sondern als Anschluss nach oben. Dem trug die Gesamtschule Rechnung, sie wollte das öffentliche Dienstrecht anwenden, nicht erneuern, und versprach A 13 für alle. Die Gesamthochschule, die es mit der Erneuerung ernst meinte, konnte da nicht mithalten. An Versuchen, das Ziel trotz aller Widerstände zu erreichen und das Eingangsamt für Hochschulabsolventen abzusenken, hat es nicht gefehlt; aber die Standesvertretung – Gewerkschaft und Beamtenbund, die Bundesassistentenkonferenz und die Vereinigte Studentenschaft – waren stärker. Und die Regierung, die es sich mit ihren Bediensteten nicht verderben wollte, machte mit. Sie akzeptierte eine Statuspolitik, die ihrer Hochschulpolitik widersprach, und sorgte damit selbst dafür, dass aus der Straffung des Studiums nichts wurde. Es dauerte nicht lange, bis die Gesamthochschulen die Konsequenz zogen und sich in Universitäten umbenannten. Inzwischen gibt es von ihnen keine einzige mehr: ein äußeres, aber ziemlich sicheres Zeichen dafür, dass die Studienreform gescheitert ist.

Es ist dasselbe, dem Status quo verpflichtete Bündnis aus Bürokraten und Funktionären, das heute gegen Studiengebühren kämpft. Sozial, wie immerzu behauptet, ist das natürlich nicht, denn das Gratis-Studium stellt eine Vergünstigung dar, die nur wenigen zukommt, aber von allen bezahlt werden muss. Wer auf soziale Gerechtigkeit aus ist, hätte den Besuch von Kindergärten und berufliche Fachschulen kostenfrei zu machen, aber nicht ausgerechnet das Hochschulstudium, einen Besitzstand der später einmal Besserverdienenden. Sozial ist die Gebührenfreiheit wirklich nicht, sie ist nur eingefahren und bequem und wird deswegen von der übergroßen Koalition der Immobilen verteidigt, von den Standesvertretern, der Ministerialbürokratie und den Vorkämpfern der verfassten Studentenschaft. Die Lautsprecher dieser Gruppen wollen erhalten und bewahren, was ihnen selbst den Aufstieg durch Bildung ermöglicht hat; dass sie inzwischen sehr viel besser dastehen und längst dazu in der Lage wären, für eine ziemlich teure Ausbildung selbst zu zahlen, spielt keine Rolle, da »sozial« genannte Errungenschaften immer nur ausgegeben, aber niemals wieder eingesammelt werden dürfen.

Für die Universität ist diese Blockadepolitik ruinös. Derselbe Staat, der darauf beharrt, erster und wichtigster Finanzier seiner Hochschulen zu sein, enthält ihnen nicht nur die notwendigen Mittel vor, sondern verbietet ihnen auch, sich zusätzliche Geldquellen zu erschließen. Dass die Hochschulen unterfinanziert sind, weiß jeder, der sich mit offenen Augen in ihnen umsieht; dass die fetten Jahre vorüber sind und der Staat sparsam wirtschaften muss, wird niemand bestreiten; dass allerdings derselbe Staat, der seinen Verpflichtungen nicht mehr nachkommt, den Bildungs- und Forschungsstätten verbieten will, mit Studiengebühren ihr Defizit zu verringen, ist grotesk. Schließlich stammt die übergroße Mehrheit der Studenten aus einer Einkommensschicht, die Studiengebühren bezahlen könnte und wohl auch gern bezahlen würde, wenn sie dafür etwas Besseres bekäme als das, was die deutsche Universität heute bietet. Der Zulauf, den die durchweg gebührenpflichtigen Business Schools finden, spricht für sich. Privaten Reichtum auf diese Weise abzuschöpfen und einem guten Zweck, der Bildung nämlich, zuzuwenden, scheint allerdings anstößig zu sein. Ähnlich wie die Gesundheit gilt Bildung als soziales Gut, für das die anderen aufkommen müssen.

Wäre es den Reformern mit ihren Ideen ernst gewesen, hätten die Mitbestimmung als Prinzip und die Gruppenuniversität als Institution längst ausgedient. Denn dass sie sich bewährt haben, werden auch ihre Anhänger nicht behaupten. Gemessen an den Erwartungen, die sich mit der Ankündigung, mehr Demokratie zu wagen, seinerzeit verbunden hatten, ist die Enttäuschung überall groß. Die Wahlbeteiligung ist je nach Gruppe unterschiedlich stark, doch nirgends schwächer als dort, wo sie am lautesten verlangt worden war, bei den Studenten. Die Fälle, in denen eine einzige Stimme genügte, um stimmberechtigtes Mitglied in einem Kollegialorgan zu werden, sind gar nicht so selten. Da alles dafür spricht, dass diese eine Stimme von dem Gewählten selbst stammt, dürfte die deutsche Universität die einzige Einrichtung sein, an der Repräsentation so verstanden wird, dass sich der zu Vertretende selbst vertritt. Eine Neuverteilung der Macht nach den Grundsätzen der Verantwortlichkeit und der Zurechenbarkeit wäre längst geboten. Bisher ist der Versuch jedoch noch jedes Mal daran gescheitert, dass die zu Entmachtenden ihrem Machtverlust selbst zustimmen müssten. Und damit ist nun einmal nicht zu rechnen.

Deshalb ist die Reformbilanz so traurig. Die deutschen Hochschulen sind zu schwach, um die Erneuerung aus eigener Kraft voranzutreiben; sie ihnen von oben zu verordnen, ist aber auch der Staat nicht stark und leider auch nicht klug genug. Männer wie Friedrich Althoff oder Carl-Heinrich Becker, der preußische Kultusminister, der sich aus eigenem Vermögen ein Urteil über Vorzüge und Schwächen des akademischen Personals erlauben konnte, sind nicht mehr im Amt, Nachfolger nicht in Sicht. Die Personalpolitik, von der die Qualität von Forschung und Lehre nun einmal abhängt, liegt in den Händen der Verwaltung, und die entscheidet wie gewohnt, nach Aktenlage. Beide Seiten, der Staat und die Hochschulen, sind müde geworden. Sie sind in die Breite gewachsen; was sie dabei an Umfang gewonnen haben, das haben sie an Kraft und Selbstbewusstsein eingebüßt.

Wenn der Anstoß zur Erneuerung des Universitätsbetriebs weder von innen noch von oben zu erwarten ist, muss er von einer dritten oder vierten Seite kommen. Den größten Beitrag können die beweglichsten Glieder der Universität leisten, die nicht organisierten Studenten. Die Chancen, die das Verschmelzen der Kulturen mit sich bringt, fallen vor allem ihnen in den Schoß, und die besten von ihnen haben längst gelernt, wie man sie nutzt. Sie gehen dorthin, wo die Ausbildung schneller, gründlicher und effektiver ist als in Deutschland; und möglichst viele sollten es ihnen nachtun, im eigenen Interesse und zum Wohl des Ganzen. Die Hochschule vor der Haustür, wie sie ihnen von den Provinzialfürsten der deutschen Bildungspolitik aufgedrängt worden ist, war ein Danaergeschenk, das viele junge Leute um das Beste betrog, was im Studium zu haben ist, nämlich Weltläufigkeit und Weltvertrauen. So etwas lernt man ja nur durch Beweglichkeit, am besten durch ein Studium im Ausland. Schon deshalb sollte der Strom der Abwanderer weiter anschwellen, so lange und so stark, bis man in Deutschland endlich merkt, dass die Epoche des Bildungsprotektionismus definitiv zu Ende ist.

Der vierte Partner, auf den bei der Hochschulreform zu hoffen wäre, ist die Wirtschaft. Sie als Mitspielerin auf einer Bühne zu begrüßen, die in Deutschland herkömmlicherweise vom Staat beherrscht wird, trifft allerdings auf Vorbehalte. Tatsächlich ist das Fächerspektrum der meisten wirtschaftsnahen Einrichtungen dieser Art ja auch so eng, dass sie von sich aus auf den Titel Universität verzichten und sich als Fachhochschulen bezeichnen. Bei allem Respekt vor ihrer Ausbildungsleistung: die Universität mit ihrem ganz anders konzipierten Wissenschaftsbegriff können sie nicht ersetzen. Wenn es den Unternehmern ernst ist mit ihren akademischen Ambitionen, müssen sie einsehen, dass für sie dasselbe gilt wie für den Staat. Auch sie dürfen nicht vergessen, dass nur eine von kurzfristigen Nützlichkeitserwägungen frei gestellte Wissenschaft der gemeinsamen Sache am besten dient. Als Partnerin der Wissenschaft wird die Wirtschaft nur dann willkommen sein, wenn sie in dieser Hinsicht großzügiger denkt und mehr Weitsicht beweist als der Staat. Der Wissenschaft Autonomie zu gewähren, ist kein Gnadenakt, sondern Voraussetzung dafür, dass sie ihren Zweck erfüllt, ein Akt der Klugheit also. Nur wenn sie den Eigensinn der Wissenschaften respektiert, wird sich die Privathochschule als Pfahl im Fleisch des staatlich reglementierten Ausbildungsbetriebs wohltätig bemerkbar machen.

In dieser Rolle wird sie allerdings gebraucht. Private Hochschulen sind die Voraussetzung dafür, dass der Wettbewerb endlich auch auf der nationalen Ebene in Gang kommt. Sie praktizieren, was die öffentlichen Einrichtungen nur wollen, das Auswahlrecht unter den Studenten; sie verlangen, was staatlichen Hochschulen nicht erlaubt ist, Gebühren für das Studium; sie bezahlen ihre Professoren so, wie das die anderen gern täten, aber nicht dürfen, nach Leistung also; und sie entlassen ihre Studenten in einem Alter, in dem sie sich überall auf der Welt mit guter Aussicht auf Erfolg um Einstellung bewerben können. Mit alledem sollten die Privaten den Druck so lange steigern, bis ihm der Staat und seine Universitäten nachgeben müssen. Wenn das geschieht, könnten zumindest einige der deutschen Hochschulen in eine Position zurückfinden, auf der sie sich befanden, ehe die Reform begann, die alles besser machen wollte.

»Das kann man nur historisch verstehen«

Oder: Wozu Geschichte?

Einer der einflussreichsten pädagogischen Texte ist erschienen, lange bevor der große Aufbruch schließlich in Gang kam. Theodor Adornos *Erziehung nach Auschwitz* war als Vortrag für den Hessischen Rundfunk konzipiert worden, zu dem Adorno, neben Max Horkheimer das Schulhaupt der Frankfurter Soziologen, enge Beziehungen unterhielt. Damals, in den sechziger Jahren, hatte das Radio seine Funktion als Leitmedium der Moderne noch nicht ans Fernsehen verloren, ein Vorzug, den Adorno zu schätzen wusste. Was sich die Amerikaner nach ihrem Sieg im Zweiten Weltkrieg vorgenommen hatten, die Reedukation des deutschen Volkes durch die Beseitigung seiner Zentralfigur, der autoritären Persönlichkeit, trug er mit Hilfe des Rundfunks in die Öffentlichkeit. *Erziehung nach Auschwitz*, im April 1966 gesendet und kurze Zeit darauf im Druck erschienen, hat eine für Vorträge dieser Art ganz ungewöhnliche Wirkung entfaltet. Er gilt bis heute als ein Gründungsdokument der emanzipatorischen Erziehungslehre.

Adorno handelt das Thema in der ihm gemäßen Rolle des Aufklärers ab. Sein Gegenstand ist die Gesellschaft, das Große und das Ganze; der Einzelne kommt bei ihm nur als Teil, als Rad in der Maschine vor. Zwar spricht er von der »Wendung aufs Subjekt«; sie wird von ihm aber nur beschworen, vollzogen wird sie nicht, da Adorno das

Subjekt nur als ein Produkt gesellschaftlicher Zwänge kennt. Als wortmächtiger Anwalt der Soziologie, der Wissenschaft vom Menschen in der Mehrzahl, denkt er am liebsten in Strukturen und Systemen. Es sind die Tendenzen, die Bedingungen und die Mechanismen, denen er auf die Spur kommen und die er verändern möchte, um seine gleich eingangs proklamierte Forderung zu erfüllen: alles daranzusetzen, »dass Auschwitz nicht noch einmal sei«.

Dass es ein Soziologe war, der sich des Themas annahm, hatte Folgen. Unter Adornos Händen verformt sich beides, der historische Gegenstand und die erzieherische Absicht, in angewandte Soziologie. Um sein oberstes Lernziel zu erreichen und ein neues Auschwitz zu verhindern, soll nicht nur das eine oder andere Fach, sondern der gesamte Unterricht gesellschaftspolitisch umgerüstet werden. Nur so könne die Schule, meint Adorno, über das Kräftespiel belehren, »das hinter der Oberfläche der politischen Formen seinen Ort hat«. Als Leitwissenschaft der Moderne weist die Sozialwissenschaft den Weg, auf dem die Nebel durchstoßen und klare Sicht gewonnen wird. Wo der Soziologe vorangeht, ist die Chance, auch unter falschen Bedingungen zum richtigen Bewusstsein zu gelangen, noch nicht ganz und gar vertan. Die Rolle, die Humboldt der philosophischen Fakultät vorbehalten hatte, schreibt Adorno der Soziologie zu. Der empirisch geschulte Sozialforscher erscheint bei ihm als Universalerbe der europäischen Aufklärung mit prinzipiell unbegrenztem Auftrag. Durch seinen Vortrag über *Erziehung nach Auschwitz* hat ihn Adorno um die pädagogische Provinz, um Bildung, Schule, Unterricht erweitert.

Damit war die Soziologie auf ihrem Siegeszug auch in Deutschland ein gutes Stück weitergekommen. Sozialgeschichte mit ihren methodischen Hilfsmitteln, den Listen und Diagrammen, beanspruchte jetzt den Platz, den früher die klassischen Darstellungsformen, die Ereignisgeschichte und die Biographie, eingenommen hatten. Joachim Fest, als Publizist unabhängig von den akademischen Moden seiner Zeit und selbst ein großer Biograph, hielt seinen ungeliebten Fachkollegen vor, sie schrieben keine Geschichte mehr, sondern Gutachten zur Vergangenheit. Adornos Vortrag wurde als Einladung verstanden, diese Tendenz auszuweiten und vom akademischen Milieu auf die Schule zu übertragen. Auch dort sollte im Geschichtsunterricht nicht mehr danach gefragt werden, »wie es eigentlich gewesen«; die emanzipatorische, die kritische Geschichtsbetrachtung zog die Frage vor, wie es hätte sein können, sollen oder müssen. Der handelnde, duldende und leidende Mensch, für Jakob Burckhardt Ausgangspunkt aller historischen Betrachtung, rückte vom Zentrum an die Peripherie des Geschehens, wo er als ein Produkt der bestehenden Verhältnisse je nach Tendenz verurteilt oder freigesprochen wurde. Das war natürlich mehr, als die gewöhnliche Geschichtswissenschaft leisten konnte oder wollte, dazu brauchte man den soziologisch vorgebildeten Spezialisten. Wo alle anderen befangen waren im Einerlei des herrschenden Bewusstseins, sorgte er dafür, dass es den Menschen wie Schuppen von den Augen fiel und sie mit einem Mal die tausend Fäden sahen, an denen sie durchs Leben geleitet wurden.

Die Rolle, die Adorno für sich und die von ihm vertretene Wissenschaft beansprucht, ist nicht mehr die des Lehrers, der früher oder später seinen Auftrag erfüllt hat, den Schüler in die Mündigkeit entlässt und damit selbst überflüssig wird. Adorno sieht sich als den Therapeuten, der den anderen, den Unterdrückten und Beschädigten, aus einer Position überlegener Weisheit entgegentritt. Er will keine Kinder unterrichten, sondern erwachsene Patienten heilen. Das Instrumentarium entnimmt er der Psychoanalyse – nicht zufällig beruft er sich so gern auf Sigmund Freud –, die er jedoch nicht mehr als Individualprogramm, sondern als eine Kollektiv-Veranstaltung versteht, die ein ganzes Volk auf die Couch zwingt. Adorno lässt keinen Zweifel daran, dass er einen beträchtlichen Teil der Deutschen für behandlungsbedürftig hält. Als Beispiel dafür, wie sich die Einzeltherapie ins Kollektiv erweitern lässt, spricht er von mobilen Erziehungsgruppen und -kolonnen, gebildet aus jungen Freiwilligen, die über Land schwärmen, um dort in öffentlichen Kursen, Diskussionen und ähnlichen Veranstaltungen die bedrohlichsten Bildungslücken zu schließen. Das war die Vorform des Programms »Student aufs Land«, mit dem in den Siebzigern unter Dorfbewohnern Werbung für den Aufstieg durch Bildung betrieben wurde.

Auf diese Weise ist die Zeitgeschichte zum Gegenstand eines Verfahrens geworden, das ganz zu Recht Bewältigung genannt worden ist, weil es etwas Gewaltsames an sich hat. Die Vergangenheit wird nicht erforscht und unterrichtet, sondern von Leuten beurteilt, die weiter zu sein glauben als ihre Vorgänger, in Wahrheit aber doch nur später gekommen sind als sie. In seinen *Unzeitgemäßen Betrachtungen* hat Nietzsche diesen Typ beschrieben. Er meinte, dass Menschen und Zeiten, »die auf diese Weise dem Leben dienen wollen, dass sie eine Vergangenheit richten und vernichten, immer gefährliche und gefährdete Menschen und Zeiten« gewesen seien. Das hat sich nach 1968, als es mit der Tribunalisierung der

Vergangenheit richtig losging, immer wieder bestätigt. Der von der nachrückenden Generation erhobene Anspruch, die erste zu sein, die über Auschwitz als das bekannteste Symbol der nationalsozialistischen Mordmaschinerie berichtete und debattierte, war allein schon deshalb gefährlich, weil er falsch war. Als die Frankfurter damit in großem Stil hervortraten und die Vätergeneration vor Gericht stellten, war die bekannte Dokumentensammlung Walter Hofers, waren Bücher wie *Der gelbe Stern* oder Eugen Kogons *SS-Staat*, längst erschienen und an den Schulen massenhaft verbreitet. Romano Guardini sprach nur eine bescheidene Wahrheit aus, als er 1954, mehr als zehn Jahre vor Adornos Auschwitz-Vortrag, öffentlich erklärte: »Diese Dinge sind geschehen, und jeder, der wissen will, weiß es.«

Der Aufruf, mit dem Verdrängen und Verleugnen der Vergangenheit endlich Schluss zu machen und darauf hinzuwirken, dass Auschwitz nie wieder sei, blieb davon freilich unberührt. Ob er erfüllt wurde oder nicht, entschied sich ja nicht im Hinblick auf irgendwelche Lehrpläne, sondern mit Hilfe sozialpsychologischer Untersuchungen zu der Frage, ob und wie der Faschismus im Gefühlsleben der Deutschen überlebt hatte. Es ging nicht um Wissen und Erkenntnis, sondern um den heilsamen Eingriff in die Seele eines ganzen Volkes, das gezeichnet war vom autoritären Charakter. Tatsächlich hat so gut wie keiner von denen, die sich auf Adorno berufen haben, einen bemerkenswerten Beitrag zur Zeitgeschichte geleistet. Die Kritik und der Kommentar, verbunden mit dem Anspruch auf nachgeholten Widerstand, waren ihnen genug. Sie verstanden sich als Ärzte, die mit Patienten zu tun hatten, nicht als Lehrer, die ihren Schülern etwas beibringen wollten.

Das Verständnis von und für Geschichte ist durch die von Adorno und seinen Nachfolgern betriebene Konzentration des historischen Interesses auf die bekannten zwölf Jahre nicht gefördert worden. Auschwitz als Inbegriff des Dritten Reiches, das Dritte Reich als Inbegriff des deutschen Sonderweges: Diese Engführung hat dem natürlichen Interesse an der Vergangenheit geschadet. Historische Argumente schienen nur so lange willkommen zu sein, wie sie sich als Lehrbeispiele für Voraussetzungen und Folgen der Naziherrschaft anboten. Verordnete Betroffenheit durch die eine Frage und die eine Epoche ging einher mit Indolenz und Desinteresse für alle anderen.

Inzwischen muss man, um in der deutschen Öffentlichkeit Eindruck zu machen, ein Kriegsgefängnis ein Konzentrationslager nennen und Männer wie Milošević, Arafat oder Saddam Hussein mit Hitler vergleichen; nur so erklärt man einem jungen Deutschen, dass etwas auf dem Spiel steht und man sich wehren muss. Das historische Bewusstsein reicht nicht viel weiter als bis zur Nazizeit, die wie eine Betonplatte am Boden der deutschen Geschichte liegt, alles abschneidend oder abtötend, was davor war. Dass dabei das Odium des Dritten Reiches auch auf Epochen übersprang, die brauchbar, vielleicht sogar notwendig sind, um das Bedrückende und Bedrohliche dieser Vergangenheit auszuhalten, ist niemandem aufgefallen; zumindest hat es niemand bedauert. »Fontane erfror auf der Flucht, Börne sah man zuletzt in Treblinka, Heine in Struthof. Gerhart Hauptmann blieb in Schlesien zurück, Nietzsche war schon verrückt«, heißt es in einem kurzgefassten Streifzug durch die neuere deutsche Literatur. Das ganze neunzehnte und das halbe zwanzigste Jahrhundert wurden zur Vorgeschichte der

Nazizeit erklärt und der Bewältigung ausgeliefert. So haben die Betroffenheitspolitiker nicht nur mit den Beständen aufgeräumt, sondern auch mit dem Trost, den diese Bestände hätten geben können und oft genug ja auch gegeben haben.

Erziehung nach Auschwitz ist zur Erziehung an und mit Auschwitz geworden. Es entstanden Unterrichtseinheiten wie »Kinder im KZ«, die vielleicht gut gemeint waren, aber nicht viel ausrichteten, weil sie das Vorstellungsvermögen von Schülern glücklicherweise überforderten. Abgesehen vom fünften Gebot kann man am Beispiel Auschwitz nicht viel lernen; und dass man nicht morden soll, dürfte allen, die ihre Bildung nicht ausschließlich dem Fernsehen verdanken, auch ohne Auschwitz bekannt sein. Darüber hinaus lässt sich der nationalsozialistischen Vernichtungspolitik in pädagogischer Absicht nichts abgewinnen. Als oberster Erziehungsgrundsatz, der allen Fächern, von der Religion über die Biologie bis zum Deutschunterricht die Richtung weist, muss das »Nie wieder!« Überdruss und Teilnahmslosigkeit erzeugen. Schon vor Jahren hatte der Verband der Geschichtslehrer vor der Abstumpfung gewarnt, die sich als Folge eines Unterrichts ergeben müsse, der mit Adornos Imperativ auf deutsche Weise, also gründlich ernst macht.

Tatsächlich ist unter Berufung auf seine Thesen einer ganzen Generation von Lehrern und Schülern gerade das aberzogen worden, was sich bei der Beschäftigung mit Geschichte als Hauptgewinn einstellen sollte: Skepsis gegenüber sich selbst, Gerechtigkeit gegenüber anderen, Vorsicht im Urteil über fremde Menschen und ferne Zeiten. Sie ist ersetzt worden durch eine weltenrichterliche Attitüde, bei der das Geburtsdatum darüber entschied, ob man zu den Bösen oder auf die Seite der Anständigen gehörte. Für Zweifel und zum Abwägen blieb da kein Platz mehr, zur Selbstkritik schon gar nicht, es gab nur Gut und Schlecht und Schwarz und Weiß. Die Gnade der späten Geburt wurde in eine Art Verdienst umgemünzt und hat in dieser Form eine Mischung aus Ahnungslosigkeit und Überheblichkeit hervorgebracht, die ziemlich genau das Gegenteil von dem darstellt, an was man denkt, wenn man sich vom Umgang mit der Geschichte einen pädagogischen Gewinn verspricht.

Das war die Wirkung nach innen. Nach außen hin hat die Pädagogisierung der Zeitgeschichte eine Großmannssucht begünstigt, der es nur schlecht gelang, ihren Anspruch, definitiv ausgelernt zu haben, hinter einer Maske von Demut und Bescheidenheit zu verbergen. Nachdem die Deutschen sämtliche Lektionen der Geschichte hinter sich gebracht hatten, durften, nein: mussten sie hingehen und allen Völkern der Erde vormachen, was Lernen aus der Geschichte bedeutet. Hans-Dietrich Genscher spielte diese Rolle, als er die Nachkriegsfloskel, nach der von deutschem Boden nie wieder Krieg ausgehen dürfe, durch die Wendung überbot, von deutschem Boden müsse Frieden ausgehen, Frieden für die ganze Welt. Die Grünen haben aus dieser Friedensrhetorik die Grundmelodie ihres verlogenen Parteiprogramms gemacht. Zwar gab es an allen Kreuzwegstationen der Moderne, vom Ersten Weltkrieg bis zu den blutigen Säuberungsaktionen auf dem Balkan, nur eine einzige Lektion zu lernen: dass die Lust an der Grausamkeit tief sitzt und man alles vermeiden muss, sie zu beleben. Die Deutschen glaubten diese Moral aber tiefer verinnerlicht zu haben als alle anderen und deswegen die besseren Lehrmeister zu sein.

Der historischen Bildung ist dieser Versuch, die Erziehung einem einzigen Imperativ zu unterwerfen, nicht gut bekommen. Die Folgen zeigten sich, als es darum ging, auf die Ereignisse nach 1989 zu reagieren. Kein Volk dürfte auf den Zusammenbruch des kommunistischen Weltreichs und seine unmittelbare Konsequenz, die Rückkehr der Geschichte, so schlecht vorbereitet gewesen sein wie die Nachkriegsdeutschen. Für sie war Geschichte eine moralische Veranstaltung zu therapeutischen Zwecken. Vergangenheit war Vorgeschichte, Vorspiel und Vorbereitung auf irgendetwas Besseres, auf die klassenlose Gesellschaft, auf das Absterben des Staates oder was die Geschichtsmetaphysik der fortschrittlichen Kräfte sonst noch im Angebot hatte. Der französische Historiker François Furet hat diesem Pseudohistorismus einen umfangreichen Nachruf gewidmet, den er in Anspielung auf Sigmund Freud *Das Ende der Illusion* nannte. Er spricht dort von dem deprimierenden, Angst und Empörung auslösenden Gefühl, dass sich die Geschichte nach dem Zusammenbruch des Ostblocks wieder in einen dunklen Tunnel verwandeln könnte, »in den der Mensch sich wagt, ohne zu wissen, welche Folgen sein Tun nach sich zieht, in Ungewissheit über sein Schicksal, ohne die illusorische Sicherheit einer Zwangsläufigkeit seiner Handlungen«. Die Vorstellung von einer anderen, einer besseren Welt jenseits von Marktwirtschaft und Kapital sei praktisch undenkbar geworden: »Wir sind dazu verdammt, in dieser Welt zu leben.«

Dass eine solche Botschaft wie ein Schock wirken konnte, gibt eine Vorstellung von der historischen Entfremdung, an die man sich in ganz Europa gewöhnt hatte; und nirgends lieber als in Deutschland. Bis heute ist der Schock nicht verwunden, dafür hat sich der Wunsch nach dem Bewältigen und Überwinden der Vergangenheit zu tief eingefressen. Dass die Geschichte keine Heilsgeschichte ist, scheint für die meisten Deutschen eine neue Erkenntnis zu sein. Die vielen Bücher, in denen das Schicksal der Linken nach dem Ende des Sozialismus abgehandelt wurde, waren Versuche, mit dieser Enttäuschung fertig zu werden. Für jemanden, der Geschichte nur aus der Position des Überlegenen kennen gelernt hatte, weil »später« und »besser« für ihn dasselbe war, ging 1989 ein Weltbild in die Brüche. In seinen Augen war die Vorzeit ja nur ein Museum, in dem die Kinder des Fortschritts lernen konnten, wie weit sie es am Ende doch noch gebracht hatten. Die natürliche Distanz, die jedes Kind bei der Begegnung mit dem Fernen und Fremden empfindet, wurde nicht in Neugier verwandelt oder als Ansporn genutzt, sich dem Unbekannten auszusetzen, es kennen, vielleicht sogar schätzen zu lernen, sondern in Überheblichkeit und Selbstgefälligkeit umgesetzt. Das vorurteilsfreie Verhältnis zur Vergangenheit, Voraussetzung für die historische Neugier, ging so verloren. Was nicht ins vorgefasste Täter-Opfer-Schema passte, wirkte als Skandal – wie Martin Walser – oder als Sensation – wie Günter Grass.

Joschka Fischer, der zweifellos begabteste Sprecher seiner Generation, hat im Dialog mit dem Franzosen Bernard-Henry Lévy am bündigsten zum Ausdruck gebracht, was *Erziehung nach Auschwitz* bedeutet. Alle Demokratien, erklärte Fischer, hätten eine Basis und einen Boden. »Für Frankreich ist das 1789. Für die USA die Unabhängigkeitserklärung. Für Spanien der Spanische Bürgerkrieg. Nun, für Deutschland, ist es Auschwitz. Das kann nur Auschwitz sein. Die Erinnerung an Auschwitz, das Nie-mehr-Auschwitz, kann in meinen Augen das einzige Fundament der neuen Berliner Republik sein.« Fischer sei, teilt Levy mit, ein Kind der Frankfurter Schule,

»er kennt die Thesen von Habermas über den Verfassungspatriotismus«. Nicht nur die Thesen von Habermas, sondern auch die von Adorno. Fischers Geschichtsbild wird von Lévy so resümiert: »Wenn Auschwitz nicht der Boden, die Wurzel, der Stamm der Verfassung ist, gibt es überhaupt keine Verfassung und keinen Verfassungspatriotismus. Patriot der deutschen Verfassung kann man nur sein, wenn dieser Patriotismus auch und untrennbar damit verbunden ein Patriotismus der Erinnerung an Auschwitz ist.«

Das wäre, ernst genommen, als Einladung zu verstehen, den deutschen Sonderweg noch einmal einzuschlagen, diesmal nach links. Denn einen Staat, der auf die Idee gekommen wäre, den bürokratisch organisierten Massenmord zu seiner Gründungslegende zu machen, gab und gibt es sonst nirgends auf der Welt. Wahrscheinlich kann es ihn auch gar nicht geben, weil ein Ereignis dieser Art für eine solche Aufgabe völlig ungeeignet ist – es sei denn, man wolle den Deutschen so etwas wie ein historisch begründetes Kollektivbewusstsein ein für alle Mal austreiben. Nur dann hätte Fischers absonderliche Konstruktion einen Sinn. Mit ihr begründen ließe sich nur eine negative Identität, ein Nationalwahn unter umgekehrtem Vorzeichen, wie Richard Schröder das nennt, ein vagabundierendes Schuldbewusstsein, das sich für möglichst viele Übel dieser Welt verantwortlich fühlt. Die jungen Deutschen, die sich ein T-Shirt mit dem Aufdruck »Ich bin schuld« überstreiften, scheinen so etwas tatsächlich gewollt zu haben. Fischer selbst gab diesem ungestillten Schuldbedürfnis nach, als er nach Durban flog, um sich vor einer Konferenz der Blockfreien für mancherlei koloniale Untaten zu entschuldigen, die zu begehen Deutschland keine Möglichkeit mehr besaß, weil ihm die Alliierten nach ihrem Sieg im Ersten Weltkrieg sämtliche Kolonien abgenommen hatten.

Die moralisierende Geschichtserinnerung ist unhistorisch. Natürlich war das Grundgesetz eine Antwort auf die historische Erfahrung mit dem Nazireich. Was es an Gegenkräften mobilisierte, stammt aber auch aus der Geschichte, wenngleich aus einer anderen Epoche. Ohne die genuin europäische Tradition der Menschen- und Bürgerrechte hätte die Neugründung der Bundesrepublik in freiheitlichem Geist niemals gelingen können. Alles, was nach der Katastrophe von 1945 zum Wiederaufbau beitrug, das Freiheitspathos und der Parlamentarismus, der Rechtsstaat und die Teilung der Gewalten, steht in einer Tradition, an der alle Europäer Anteil haben, auch die Deutschen. Ihre Paulskirchen-Verfassung war in vielen Einzelheiten, mit der Institution einer unabhängigen Verfassungsgerichtsbarkeit zum Beispiel, dem Gang der Dinge in Europa weit voraus; vielleicht war das der Grund dafür, dass sie zunächst nicht auf fruchtbaren Boden fiel. Nachgewirkt hat sie jedoch, das Bonner Grundgesetz orientiert sich erkennbar am Vorbild von 1848. Auf die Erfahrung mit einem Jahrhundertverbrechen lässt sich eben kein Staat gründen, eine Verfassung schon gar nicht. In seinem berühmten Vortrag über die Frage *Was ist eine Nation?* hatte Ernest Renan von den zwei Dingen gesprochen, die einer Nation ihre Seele verleihen: »Das eine ist der gemeinsame Besitz eines reichen Erbes an Erinnerungen, das andere ist das gegenwärtige Einvernehmen, der Wunsch, zusammenzuleben, der Wille, das Erbe hochzuhalten, welches man ungeteilt empfangen hat.«

Dieses ungeteilte Erbe sieht für die Deutschen anders

aus als für jede andere Nation, bedrückender und disparater. Es in dieser Form, in seiner ganzen Ambivalenz und Widersprüchlichkeit weiterzureichen, wäre die Aufgabe einer historisch geläuterten Bildung, die man dann nach Belieben Geschichtsunterricht, Gemeinschaftskunde oder politische Erziehung nennen kann; der Name ist belanglos, denn ohne den Rückgriff auf die Vergangenheit kommt keines dieser Fächer aus. Um diese Dimension war es Adorno mit seiner Erziehung nach Auschwitz aber gerade nicht zu tun. Die sprichwörtliche Wendung »Das kann man nur historisch verstehen« lässt sich auf einen Vorgang wie die Judenvernichtung nur um den Preis der Gedankenlosigkeit oder des Zynismus anwenden. Die Floskel will ja irgendwie Verständnis wecken, und verstehen lässt sich an Auschwitz nach Dolf Sternbergers apodiktischem Urteil eben gerade nichts. Adornos Formel bemüht andere, keine historischen, sondern eschatologische Kategorien, sie denkt vom Ende her, vom Ende der Geschichte. Denn das ist ja gemeint, wenn das »Nie wieder!« die Quintessenz der Vergangenheit sein soll.

In seiner *Rede zur Geschichte* kommt Paul Valéry auch auf die Frage zu sprechen, wie man den jungen Leuten, an die er sich wendet, Interesse für die Vergangenheit beibringen kann. Er erinnert sich an die Zeit, als er selbst jung und Schüler war, und bekennt, dass es für ihn nur einen Weg zu diesem Ziel gegeben habe, »nämlich diesen: dass die beste Methode, sich vom Nutzen des Umgangs mit Geschichte eine Vorstellung zu machen, die beste Art, Geschichte lesen und verwenden zu lernen, darin besteht, sich als Typus für die Erkenntnis abgeschlossener Ereignisse an seine eigene Erfahrung zu halten, der Gegenwart das Modell für unsere Vergangenheitsneugier zu entnehmen. Was wir mit unseren Augen gesehen, mit unserer Person empfunden haben, was wir waren und was wir taten – das soll uns, aus unserem Leben bezogen, den Fragenkatalog liefern, den wir sodann der Geschichte unterbreiten und auf den sie antworten soll, wenn wir sie über die Zeiten befragen, die wir nicht selbst erlebt haben.« Der Unterschied zu Theodor Adorno liegt auf der Hand, denn dessen Blick geht eher in die umgekehrte Richtung. Er will nicht die Vergangenheit den neugierigen Fragen der Gegenwart ausliefern, sondern die Gegenwart an ihrem Urteil über die Vergangenheit messen. Ehe die Schüler das Recht erhalten, Fragen an die Geschichte zu richten, müssen sie die Fragen beantworten, die diese Geschichte, vermittelt durch Adornos Mund, ihnen aufgibt. Die eigenen Erfahrungen, Probleme und Sorgen kommen erst danach.

Das ist unpädagogisch. Schon deshalb war vorhersehbar, dass die nächste Generation gegen die Verengung der historischen Perspektive aufbegehren würde, die ihr da zugemutet werden sollte; und so ist es ja wirklich auch gekommen. Es war eine Frage der Zeit, wann auch das Dritte Reich ein Gegenstand der unvermeidlichen Historisierung werden würde. Der Historikerstreit hat dieses Datum noch einmal herausgeschoben; auf ewig aber sicher nicht. Das selbstverständliche Recht, die Vergangenheit aus ihrer Sicht zu betrachten, mit ihren Fragen zu belangen und nach ihren Vorstellungen zu bewerten, lässt sich keine Generation nehmen; glücklicherweise nicht. Wenn man aus der Geschichte etwas lernen soll, dann muss der Unterricht zweierlei vermeiden: das Moralisieren und das Verkürzen. Er muss die Vergangenheit in all ihrer Vielfalt und ihrer Widersprüchlichkeit vor Augen stellen, weil sich nur dann etwas über den Menschen lernen lässt, »wie er ist und immer war und immer sein wird«: Das war die Formel, die Jakob Burckhardt für seine Art der historischen Betrachtung gefunden hatte. Er selbst nennt das »gewissermaßen pathologisch«, weil ja der Pathologe nur verstehen will. Genauso wie der Historiker.

Freundschaft mit der Natur

Oder: Wozu Biologie?

Die Debatte um das Für und Wider der modernen Gentechnik ist nicht nur lauter und hitziger geführt worden als ähnliche Auseinandersetzungen in früherer Zeit; sie wurde auch in neuen Formen ausgetragen, denn beide Seiten kämpften mit den Waffen des Gegners. Um ihren Standpunkt zu verteidigen, bedienten sich die Vertreter der beiden Kulturen, der geisteswissenschaftlichen und der naturwissenschaftlichen, großzügig auf der anderen Seite. Während Biologen und Zoologen ihre Zeitgenossen an das Recht und die Pflicht des Menschen erinnerten, über seiner Definition als Naturwesen das Kulturwesen nicht völlig zu vergessen, argumentierten Geisteswissenschaftler und Theologen gerade umgekehrt. Die meisten von ihnen sprachen so, als wäre der Mensch nichts anderes als ein Konglomerat aus allerlei chemischen Substanzen, das vom Moment der Vereinigung von Ei und Samenzelle an unter dem vollen Schutz der Menschenrechte stünde; so etwas wie Beseelung, dieser altertümliche Begriff, kam bei den meisten Geisteswissenschaftlern nicht mehr vor. Es waren die Naturforscher, die an Vorstellungen wie Freiheit und Selbstbewusstsein erinnerten, während die Humanisten bei der Biologie Anleihen machten und so redeten, als wären sie klassische Reduktionisten.

Die verkehrte Schlachtordnung verriet einiges über das Selbstverständnis der beiden Kulturen. Was so viele

Geisteswissenschaftler dazu brachte, sich wie Naturforscher aufzuführen, war ja nicht etwa Selbstbewusstsein, sondern ein tief sitzender Zweifel am Gewicht der eigenen Argumente. Ihr Vorschlag, den Menschen vom Augenblick der Zeugung an mit allen Rechten und Pflichten auszustatten, war eine Art übersteigerter Biologismus, der bei den Biologen selbst nicht mehr verfing. Die Naturwissenschaftler hatten wenig Mühe, den Vertretern der anderen Kultur Wissenslücken oder falsche Annahmen nachzuweisen und sie in diesem ungleichen Turnier argumentativ aus dem Sattel zu heben. Wenn die Debatte um Gentechnik, Stammzellforschung und Präimplantationsdiagnostik überhaupt etwas erbracht hat, dann die argumentative Schwäche der traditionellen Geisteswissenschaften. Ihr Beitrag beschränkte sich auf eine Art von Vulgärdarwinismus, über den die meisten Biologen längst hinaus sind. Was Edmund Husserl in den dreißiger Jahren des vorigen Jahrhunderts von den Naturwissenschaften behauptet hatte, lässt sich inzwischen von den Geisteswissenschaften sagen: dass sie uns in den Grundfragen des Lebens nicht mehr viel zu bieten haben. Während die Biologen die Lebensbedingungen selbst fortlaufend und gründlich verändern, geben sich die Geisteswissenschaften damit zufrieden, die Veränderung zu kommentieren. Leider kommen sie damit regelmäßig zu spät. Wenn sie sich mit ihren Bedenken und Einsprüchen zu Wort melden, sind die anderen längst schon weiter. Der Abstand zwischen dem, was naturwissenschaftlich möglich, und dem, was allgemein verständlich ist, wächst ständig; wahrscheinlich ist er noch nie so groß gewesen wie heute.

Das begründet die überragende Rolle, die dem naturwissenschaftlichen Unterricht und unter den Naturwissenschaften der Biologie zukommt. Man hat das neunzehnte das Jahrhundert der Chemie, das zwanzigste das Jahrhundert der Physik genannt und hat nach allem, was schon jetzt bekannt ist, gute Gründe, das einundzwanzigste als das Jahrhundert der Biologie zu bezeichnen. Die Biowissenschaften sind dabei, nicht nur den Anfang und das Ende des Lebens zu manipulieren, sondern auch alles, was dazwischen liegt, einschließlich der Vorstellung, die sich die Menschen von sich selber bilden. Immer mehr von dem, was sich die längste Zeit von selbst verstand, weil es nach den Gewohnheiten und Regeln der Natur ablief, muss heute geplant, beurteilt und entschieden werden. Man kann das bedauern und sich nach den Zeiten zurücksehnen, in denen es nicht nötig war, über Dinge zu befinden, die das Begriffs- und Verantwortungsvermögen der meisten Menschen übersteigen; entziehen kann man sich dieser Art von Fortschritt aber nicht. Denn auch der Verzicht auf das, was die Biowissenschaften zur Erklärung, zur Deutung und zur Behandlung natürlicher Phänomene beitragen, ist eine Entscheidung, die getroffen werden muss. Wer von der Amniozentese nichts wissen will, wer die Perinatalmedizin für überflüssig hält und Bypassoperationen ablehnt, fällt damit längst noch nicht in den Zustand der natürlichen Unschuld zurück. Man kann das Angebot der modernen Lebenswissenschaften annehmen oder ausschlagen: an ihm vorbeigehen kann man verantwortlicherweise aber nicht.

Das gilt im Kleinen wie im Großen. Denn auch beim Urteil über die Auswirkungen des menschlichen Verhaltens auf die außermenschliche Natur kommt man ohne Grundkenntnisse in den modernen Biowissenschaften nicht mehr aus. Natürlich ist es Sache der Experten, über den Zustand von Flora und Fauna, über die Wasservorräte, die Klimabeschaffenheit und vieles mehr ein sachkundiges Urteil abzugeben; damit das Urteil Konsequenzen hat, muss es von der Öffentlichkeit aber doch verstanden, zumindest hingenommen werden, und das ist ohne Kenntnis des naturwissenschaftlichen Grundwortschatzes unmöglich. Der Ausblick, den der amerikanische Zoologe Edward Wilson ins 21. Jahrhundert gibt, ist ziemlich düster: an seinem Ende werde es nur noch eine gequälte und geschundene Natur geben, sagt er voraus. »Die Urwälder sind weitgehend verschwunden und mit ihnen die meisten Sammelplätze des biologischen Reichtums. Der Zustand von Korallenriffen, Flüssen und feuchten Lebensräumen überhaupt hat sich drastisch verschlechtert. Mit diesen beispiellos artenreichen Ökosystemen ist mehr als die Hälfte aller Tier- und Pflanzenarten von der Erde verschwunden. Nur wenige Überbleibsel natürlicher Lebensräume erinnern noch an die einstigen Naturschätze. Sie werden von Regierungen und privaten Eigentümern gehütet, die weise genug waren, sie zu erhalten, als die menschliche Flutwelle über den Planeten hinweg rollte.« Um diese Weisheit unters Volk zu bringen, muss man den Menschen klarmachen, was auf dem Spiele steht, man muss sie aufklären und unterrichten. Die Einsicht wird ja meistens nicht durch bösen Willen blockiert, sondern durch Ignoranz.

Stimmen wie die von Wilson sind nicht gerade selten zu hören; bewirkt haben sie aber nur wenig, und dieses wenige auch noch zu spät. Die Gleichgültigkeit gegen den Natur- und Artenschutz hat viele Gründe, unter denen die Habsucht der Reichen und die Notlage der Armen sicherlich weit voranstehen; die einen können, die anderen wollen nicht begreifen, dass Raubbau an der Natur nicht bloß mörderische, sondern auch selbstmörderische Konsequenzen hat. Mangelndes Wissen und seine notwendige Konsequenz, die Unfähigkeit, sich die dramatischen Folgen der galoppierenden Naturzerstörung in ihrer ganzen Brutalität auszumalen, kommen aber gleich danach. Man bewahrt ja nur, was man liebt, und man kann nur lieben, was man kennt. Wilson und andere Biologen sprechen deshalb von Biophilie, Naturfreundschaft als Ziel von Bildung. Wenn daraus etwas werden soll, muss diese Freundschaft zu einer Zeit geschlossen werden, in der die Sinne noch weich und formbar sind, in der Jugend also. Wer nicht weiß, wie schön die unverbaute, durch keine Autobahnen oder andere Erschließungsmaßnahmen »in Wert gesetzte« Landschaft aussieht, wer die absolute Stille nicht kennt und nie erlebt hat, was völlige Dunkelheit bedeutet, wird ihren Verlust nicht bedauern, bekämpfen wird er ihn schon gar nicht. Kein Lehrbuchwissen und keine Laborsituation kann ersetzen, was die unmittelbare Begegnung mit natürlichen Phänomenen bewirkt. Ein guter Lehrer wird dazu Gelegenheiten schaffen, weil er weiß, dass beim Menschen Erziehung das ersetzen muss, was ihm an Instinkt und Intuition abgeht.

Nicht jedes Lebensalter ist dazu gleich gut geeignet. Die Empfänglichkeit für das, was die Natur zu bieten hat, schwankt mit den Jahren. Sensible Erzieher glauben herausgefunden zu haben, dass Kinder in den ersten sechs Lebensjahren dazu neigen, auf die Natur eigennützig, gelegentlich sogar brutal zu reagieren. Ihre natürliche Grausamkeit bekommen in dieser Altersphase nicht nur die Spielkameraden zu spüren, sondern auch Hunde und Katzen. Andere zu drangsalieren, ist eine ziemlich einfache Methode, das angenehme Gefühl der eigenen Überlegenheit auszukosten; das wissen auch Kinder. In der nächsten Entwicklungsperiode nimmt das Interesse an natürlichen Phänomenen deutlich zu. Die Kinder begreifen, dass auch Tiere schmerzempfindlich sind; zugleich entwickeln sie eine erste Ahnung für den ästhetischen Reiz von bunten Steinen, farbigen Blüten, auffällig gemusterten oder prächtig geschmückten Lebewesen wie Pfauen und Schmetterlingen. Danach, im Alter zwischen zehn und zwölf, nehmen sie ihre Umwelt immer bewusster wahr. Sie beginnen, sich für die eigene Herkunft zu interessieren, für die Geschichte der Natur, für die Entwicklung prähistorischer Pflanzen und fossiler Tierarten: die allen Eltern wohl bekannte Dino-Phase. So vorbereitet, entwickeln sie einen Sinn für den Wert der Natur, der seinerseits Bedingung ist für den Wunsch, möglichst viel von ihr in seiner ursprünglichen Schönheit zu bewahren.

Man muss diese Entwicklungsschübe nutzen, um das Gefühl für den Wert, aber auch für die Gefährdung der Natur zu schärfen. In der Schulzeit ist es vor allem Sache des Biologieunterrichts, den Schutz der Natur als einen Kulturauftrag darzustellen, den der Mensch nur zum eigenen Schaden vernachlässigen kann. Kinder müssen lernen, dass sie selbst Naturwesen sind, die ohne eine intakte Umwelt nicht lange überleben können, gut und menschenwürdig schon gar nicht. Da sich Naturnähe, Naturliebe und Naturverständnis unter den modernen Lebensbedingungen nicht mehr von selbst einstellen, müssen die Bedingungen, unter denen sie sich entwickeln können, bewusst arrangiert werden. Wer den Zusammenhang zwischen natürlichen und kulturellen Phänomenen verstanden hat, wird mit den einen auch die anderen erhalten wollen. Julian Huxley, der große englische Biologe, hat berichtet, wie sein Bruder Aldous, der ebenso bekannte Schriftsteller, auf die Lektüre von Rachel Carsons

Bestseller *Stummer Frühling* reagiert hat. In diesem Buch, einem Klassiker der Ökologie, hatte die Autorin geschildert, wie die Singvögel in aller Welt durch den massenhaften Einsatz von DDT bedroht und dezimiert und schließlich ausgerottet werden. Entscheidend für den Erfolg des Buches war neben seiner wissenschaftlichen Akribie die engagierte Form der Darstellung, die mit Gefühlen wie Trauer und Empörung nicht zurückhielt. Rachel Carson begnügte sich nicht damit, die eingetretenen oder erst noch drohenden Verluste in nackten Zahlen vorzurechnen, sie ging auch auf die ästhetische Verarmung eines Lebens ein, das ohne den Gesang der Lerchen, der Drosseln und der Sprosser auskommen muss. Diesen Zusammenhang hatte Aldous Huxley im Sinn, als er seinen Bruder mit allen Zeichen des Entsetzens fragte, ob denn die Wissenschaft – in diesem Falle die Chemie – dabei sei, die Grundlagen der englischen Lyrik zu zerstören. Er hörte in den Vogelstimmen das Muster für Musik und Poesie, in der Natur die Vorlage für die Kunst. Offenbar reagieren die Menschen empfindlicher, wenn sie den Artenschwund nicht nur als wirtschaftliche Bedrohung, sondern auch als kulturelle Verödung wahrnehmen. Diese Chance muss die Biologie nutzen, indem sie neben der rationalen auch die emotionale Seite der Naturwissenschaft rechtzeitig ins Spiel bringt.

Biologie hat den Vorteil, die anschaulichste und sinnennächste von allen Naturwissenschaften zu sein. Auch heute, im Zeitalter der Molekularbiologie, genügt es, die Leute mit offenen Augen in den Garten zu schicken, um ihnen eine Ahnung zu vermitteln, warum es sich lohnt, die Natur zu pflegen und zu erhalten. Rousseau sprach als Erzieher, als er seine Zeitgenossen dazu einlud, zurückzufinden zur Natur, und als Erzieher hat er Recht behalten, bis heute. Der Bundesgerichtshof argumentierte genauso, als er einen biowissenschaftlich heiklen Streitfall dadurch zur Entscheidung brachte, dass er sich auf die Phänomene der Natur berief: Die Rechtsordnung, so die Richter, könne und dürfe nicht an den Gegebenheiten der Natur vorbeigehen. Nicht nur die Rechtsordnung, wäre allerdings hinzuzufügen, denn was für die Jurisprudenz gilt, gilt für die anderen Wissenschaften auch. Sinnvoll argumentieren und überzeugend begründen können die meisten von ihnen nur noch innerhalb der Grenzen, die ihnen durch die Erkenntnisse der modernen Lebenswissenschaften gezogen sind.

Nur dass es heute schwierig ist, es wie Rousseau zu machen und umstandslos auf das Vorbild der Natur zu setzen. Man hat gelernt, dass sie Maßstäbe vorgibt, aber auch, dass diese Maßstäbe nicht unbedingt vorbildlich sind. Schon Nietzsche hat gespottet: »Die Natur ist böse! Seien wir also natürlich!« und daraus seine nicht eben menschenfreundlichen Schlüsse gezogen. »Natur« war immer nur der Spiegel, in dem die Menschen sich selbst erkannten. Was sie mit Hilfe der Wissenschaft aus der Natur herauslasen, das hatten sie zuvor in sie hineingelegt. Das Mittelalter betrachtete die Natur mit allen ihren Geschöpfen als Bühne für die christliche Heilsgeschichte; die Aufklärer glaubten an die Figur des edlen Wilden und das Ideal der grundgütigen Natur; die Nazis fanden in der Natur das Vorbild für ihre Rassenlehre, die CDU das Muster für ihr christlich-soziales Familienbild. Marktwirtschaftler verweisen auf die Natur, wenn sie den Menschen die Vorzüge des Wettbewerbs nahe bringen wollen, und die Sozialisten machen es genauso, um ihnen den Wert der Klassensolidarität klarzumachen: In der Natur findet jeder, was er finden will. Von dieser Regel macht die moderne Biologie keine Ausnahme. Auch sie erzählt über die Geheimnisse und den Sinn des Lebens gerade so viel, wie sie erkannt hat, und sie erkennt immer das, was sie erkennen will.

Trotzdem ist es alles andere als sinnlos, wenn man in der Natur ein Vorbild sieht. Denn eine ihrer wichtigsten Lehren bleibt ja von allen zeitbedingt wechselnden Interpretationen einigermaßen unberührt: die Einsicht nämlich, dass alles Leben auf einem überaus labilen Gleichgewicht beruht. Wer das begriffen hat, der weiß, dass dieser Zustand zwar leicht zu stören ist, aber nur unter großen Mühen, in langen Zeiträumen und unter erheblichen Kosten wieder eingerenkt werden kann; wenn überhaupt. Der Slogan »Mein Auto fährt auch ohne Wald«, den sich bekennende Hedonisten gelegentlich hinter die Heckscheibe kleben, ist gar nicht einmal zynisch, sondern nur dumm. Er demonstriert, dass der Besitzer immer noch nicht verstanden hat, wie leicht sich der Nutzen von Natur- und Umweltschutz in eben die Währung umrechnen lässt, die er als einzige gelten lassen möchte, in schwarze oder rote Zahlen. Man hat den Versuch gemacht, den wirtschaftlichen Beitrag jeder Tierart, vom Regenwurm bis zum Panzernashorn, in bare Zahlung umzurechnen, und ist dabei auf erstaunliche Summen gekommen. Der Gesamtnutzen, den die Menschen aus der sie umgebenden Natur ziehen, soll sich danach auf mehr als dreißig Billionen Dollar im Jahr belaufen. Sowohl die Gewinne, die der schonende Umgang mit der Natur einbringt, als auch die Preise, die für den Raubbau zu bezahlen sind, lassen sich, entsprechende Kenntnisse vorausgesetzt, präzise angeben. Die Staaten des ehemaligen Ostblocks, wo man mit dem Umbau der Natur schneller vorangekommen war als im Westen, haben mit derartigen Umweltbilanzen Erfahrungen gesammelt, die man im kapitalistischen Westen lieber nicht kopieren sollte. In den steppenartigen Landschaften, die der Braunkohletagebau in der ehemaligen DDR hinterlassen hat, können die Folgen dieser Ausbeutungspolitik heute noch besichtigt werden.

Wahrscheinlich ist die Biologie dasjenige Fach, in dem die wichtigste Lektion, die es unter modernen oder postmodernen Lebensumständen zu beherzigen gilt, am ehesten zu haben ist: das Denken in langen Fristen und größeren Zusammenhängen. Das nämlich kann und will der Fachmann gerade nicht; er reduziert die Wirklichkeit auf enge Räume und kurze Zeiten und gilt deshalb aus guten Gründen als Banause. Maßgeblich ist die Natur einfach dadurch, dass sie den Betrachter zwingt, das Ganze im Ablauf von langen Perioden in den Blick zu nehmen. Dann zeigen sich die bösen Folgen guter Absichten (wie etwa der Wildfütterung) und umgekehrt die gute Wirkung einer bösen Erscheinung (wie etwa des natürlichen Feindes). Lehrreich ist die Natur durch die spielerische Art, in der sie die Techniken der Mutation und der Selektion dazu benutzt, ohne Gefahr für das Ganze immer wieder Neues zu erproben. Nur das erlaubt ihr ja, die vielen Irrtümer, die sich bei ihrem evolutionären Versuchsprogramm einschleichen, einigermaßen ungestraft zu überleben. Es ist dieses langsame, ebenso vorsichtige wie verschwenderische Verfahren, durch das sich der natürliche Entwicklungsprozess vom menschlichen Eingriff vorteilhaft unterscheidet. Wer auf die Zusammenhänge achtet, wird an der Natur wenig auszusetzen haben und nicht so bald auf den Gedanken kommen, sie zu »verbessern«. Ihr Beispiel sieht nur dann gefährlich oder sogar böse aus, wenn man es allzu menschlich imitiert.

Die Dosis ist es, die den Unterschied macht zwischen

Heilmittel und Gift: Der alte Lehrsatz des Paracelsus lässt sich unter den heutigen Lebensbedingungen nirgendwo besser lernen als beim Studium der Biowissenschaften. Das vernetzte Denken, auf das die moderne Pädagogik überall hinaus will, stellt sich in diesen Fächern ganz von selbst ein. Es macht immun gegen die Verführung durch das Spezialistentum; als Fachmann mit dem Tunnelblick, der immer nur in eine Richtung starrt und weder rechts noch links des Weges sehen will, wird man es in der Biologie nicht weit bringen. Auch deshalb war die radikale Oberstufenreform, die das frühe Abwählen von ganzen Fächergruppen erlaubte und die Konzentration auf weniges förderte, ein Fehler. In den allermeisten Fällen ist die Schulzeit ja doch die letzte Phase, in der die jungen Leute einen Vorrat an Texten und Themen, an Bildern und Begriffen, an Fragen und Antworten kennen lernen, der ihnen die Verständigung über alle Fach- und Parteigrenzen hinweg erlaubt. Im Deutschen heißt so etwas Bildung.

Heute ist sie vor allem als das Gegenteil zum Spezialistentum zu verstehen. Die schöne neue Welt des Niklas Luhmann mit ihren gegeneinander abgeschotteten Sonderwelten der Wissenschaft und der Rechtspflege, des Wirtschaftslebens und der Politik mag ja ein Abbild der Wirklichkeit sein; wohl fühlen wird man sich in ihr aber nicht. Sie hat etwas Enges, Starres und Fatalistisches an sich, denn jeder ahnt, dass eine Gesellschaft, die sich in lauter separate Fachbereiche aufspaltet, wenig Zukunft hat. Ihr fehlt das steuernde Organ, das Hirn. Was der Fachmann aus Überzeugung und der Lobbyist gegen Bezahlung tut, ist die Verteidigung von Besitzständen auf Kosten des Ganzen. Das ist eine Kunst, in der es die deutsche Gesellschaft weit gebracht hat und für die sie noch einen hohen Preis bezahlen wird. Auch wenn der Fachvertreter sonst nichts schafft – stark genug, sich jeder Veränderung in den Weg zu stellen und sich mit seinesgleichen zu einer großen Koalition der Verhinderer zusammenzuschließen, ist er allemal. Um dieses Schutz- und Trutzbündnis der Unbeweglichen zu sprengen, braucht man Menschen mit Überblicks- und Querschnittswissen, gebildete Menschen eben.

Die Wissensgesellschaft, die jetzt überall ausgerufen wird, benötigt nicht irgendein Wissen, sondern eines, das die Schäden der Industriegesellschaft auffangen, vielleicht sogar heilen kann. Die Waffe, die die Wunde schlug, muss sie auch wieder schließen, nur die Wissenschaft ist in der Lage, mit den Folgen von Wissenschaft fertig zu werden. Begriffe wie natürliche Ordnung, artgerechte Haltung, nachhaltiges Wirtschaften und wie sie sonst noch heißen mögen, kann man nur dann sinnvoll verwenden, wenn man den Fachvertreter bewusst hinter sich lässt. Wie wenige Disziplinen lädt die Biologie, die Wissenschaft vom Leben, dazu ein, das Ganze zu betrachten. Deswegen ist dieses Fach so wichtig.

Ohne Kanon geht es nicht

Oder: Wozu Musik?

Bis in die sechziger Jahre hinein hat das Wort Kanon in den Schulen einen guten Klang gehabt. Es bezeichnete nicht nur den Stoff, der gelernt werden sollte, die Autoren, die man kennen musste, und die Werke, die zu lesen waren, sondern auch die Fächer, die dazu geeignet schienen. Die Repräsentanten der Schulen und der Hochschulen hatten es nicht allzu schwer, sich auf die kanonischen Anforderungen zu verständigen, die von einem Abiturienten erwartet werden durften, und eine kluge, weil noch nicht allzu selbstbewusste Kultusbürokratie ließ sie auch gewähren. Das letzte Zeugnis dieses Nachkriegskonsenses in Bildungsdingen war der Tutzinger Maturitätskatalog von 1959. Unter der Überschrift »Begriff der Hochschulreife – Inhaltliches Minimum« hieß es dort:

»1. Einwandfreies Deutsch; Fähigkeit, einen eigenen Gedankengang zu formulieren und einen fremden richtig wiederzugeben, sowohl mündlich wie schriftlich, und mit einem Wortschatz, der auch feinere Unterschiede ermöglicht.

2. Verständnis einiger Meisterwerke der deutschen Literatur, und zwar auch solcher aus dem Umkreis der klassischen Literaturepoche sowie bedeutsamer Schriften sowohl philosophisch als auch literarisch wertvoller Prosa und Verständnis einiger grundlegend wichtiger Meisterwerke der Weltliteratur, vor allem auch der antiken.

3. Gute Einführung in einer Fremdsprache: Nachzuweisen ist flüssige Lektüre gehaltvoller leichter bis mittelschwerer Prosa ohne Hilfsmittel und die Fähigkeit, über das Gelesene in deutscher Sprache zu referieren und in der Fremdsprache ein einwandfreies Gespräch zu führen; ferner eine erste Einführung in eine zweite Fremdsprache. Eine der beiden Sprachen soll Latein oder Französisch sein.

4. Kenntnis der Elementarmathematik, quadratische Gleichungen, Trigonometrie, analytische Geometrie, Einführung in den Euklid, einschließlich der Hilbert'schen Grundlagen der Geometrie (auf Analysis kann verzichtet werden).

5. In der Physik Einführung in die Hauptphänomene. Verständnis für den Energiebegriff, wie er in allen Erscheinungsformen der Natur zu ermitteln ist, Kenntnis der historischen Anfänge physikalischen Denkens. Verständnis für das Wesen der exakt-naturwissenschaftlichen Methode, für die Beschränkung der Aussagemöglichkeiten auf das Quantitative und damit für die Grenzen der naturwissenschaftlichen Methoden – ferner für die wissenschaftliche Ermöglichung der maschinellen Technik, Ansatz zum Verständnis chemischer Erscheinungen und ihres Bezugs auf das Energieproblem.

6. Liebhabermäßiges Betrachten der anschaulichen Natur und Zugang zur biologischen Betrachtungsweise.

7. In der Geschichte: Kenntnis und Verständnis für die geschichtliche Situation der Gegenwart, wie sie sich seit der französischen Revolution ergeben hat.

8. Propädeutik: Verständnis für die philosophischen Einleitungsfragen, besonders für die anthropologischen, ausgehend von Platon oder Descartes oder Kant.

9. Orientierung über die Christenlehre, die kirchenge-

schichtlichen Hauptereignisse und Einführung in die ethischen Grundlagen.«

Ein Hinweis auf die »in jeder planmäßigen Schulung auftretenden Künste: Gymnastik, Musik, Laienspiel, Gedichtmemorieren, Malen, technisches Zeichnen, Werkunterricht« beschloss den Katalog.

Was auffällt, ist nicht nur der selbstgewisse Ton, in dem der gymnasiale Bildungskanon nur wenige Jahre, bevor er endgültig liquidiert werden sollte, hier noch einmal beschworen wird. Viel auffälliger ist die Selbstverständlichkeit, mit der Begriffe wie Meisterwerk, klassische Literatur und wertvolle Prosa, flüssige Lektüre und einwandfreies Gespräch gebraucht werden. Dass alles, was da noch einmal festgeschrieben werden sollte, längst nicht so fest stand, wie es sich gab, weiß man inzwischen. Den Willen, der Bildung eine bestimmte, durch Tradition und Herkommen mindestens ebenso stark wie durch die Anforderungen der Gegenwart bestimmte Richtung zu geben, hat das aber nicht beeinträchtigt. Man wollte erziehen und sagte auch, mit was für Werken, in welchen Fächern und zu welchem Zweck. Wilhelm von Humboldt, der dem deutschen Bildungsgedanken sein eigentümliches, nach innen gekehrtes Aussehen gegeben hatte, war immer noch erkennbar.

Entscheidend für die Matura, das Zeugnis der Reife, war nicht die Fähigkeit, einen Katalog von Fragen und Aufgaben nach Art des PISA-Tests möglichst fehlerfrei abzuhaken, sondern die Konzentration aufs Wesentliche, auf Klassisches und Exemplarisches. Möglichst viel an möglichst wenig zu erkennen und zu lernen, blieb das Ziel, wenn es um Lehrpläne und Stundentafeln ging. Die Schüler sollten nicht nur richtig, sondern auch gut formulieren, ihre Ansichten klar begründen und Sinn für künstlerische Qualität entwickeln. Bildungswille und Bildungsgegenstand mussten zusammenpassen, der »reine Gedanke« brauchte einen Stoff, an dem er sich ausprägen und abarbeiten konnte. Der Tutzinger Katalog skizzierte in groben Strichen, was für ein Stoff und welche Gegenstände das sein sollten. Ins Einzelne zu gehen, schien den Verfassern überflüssig, weil sie ja selbst noch in der gemeinsamen Tradition des Kanons groß geworden waren. Solange diese Tradition vorhielt, stellte sich der heute so oft und immer so vergeblich angemahnte Konsens in Bildungsfragen von selbst ein. Konsens ist ja nicht eigentlich Voraussetzung als vielmehr Folge eines Kanons von Werten, Tugenden und Pflichten.

Für die Zerstörung des Kanons gilt das leider nicht minder. Wer ihn nicht mag, der muss nur ausscheren, dann ist es auch mit dem Konsens vorbei. Widerspruch gegen den Kanon kam seinerzeit vom Deutschen Bildungsrat, einem Gremium, in dem die Fachleute unter sich waren. Sie haben das Wort Kanon nicht gemocht, wahrscheinlich klang es für sie zu sehr nach Maß und Vorbild. Stattdessen sprachen sie von obligatorischen Fächern, zu denen sie Mathematik, Politik, die deutsche Sprache, eine Fremdsprache, eine Naturwissenschaft und den Sport rechneten. Der Unterschied zum Tutzinger Maturitätskatalog springt in die Augen: Neben der Geschichte und der zweiten Fremdsprache fehlen die Künste und die Musik, das Malen und das Werken, das Theaterspiel und das Auswendiglernen von Gedichten. Vor allem aber fehlt die Bereitschaft, Unterschiede zu machen und das Maßgebliche und Vorbildliche auch nur als Möglichkeit zu erwähnen. Das Klassische hat dem Alltäglichen, das Ästhetische dem Rationalen, das Spielerische dem Effizienten Platz zu machen.

Auf einer Tagung des Hamburger UNESCO-Instituts, das den pädagogischen Fortschritt nach amerikanischem Muster auch in Deutschland heimisch machen wollte, wurden Anwendbarkeit, Brauchbarkeit und Verwertbarkeit zum neuen Maßstab für die Bildung ausgerufen. »Worum es uns geht und gehen muss«, hieß es bei dieser Gelegenheit im Jahre 1968, »ist die optimale Funktionsfähigkeit und maximale Effektivität unseres gesamten Bildungswesens.« Lehrpläne sollten deshalb »von einem bloßen Lernzielkatalog zur globalen Steuerungsinstanz aller jener Maßnahmen und Mittel entwickelt werden, durch die Lernziele realisiert werden«. In diesem Stile geht es weiter: Eine Leerformel folgt auf die andere, ohne dass auch nur ein einziges Lernziel namentlich genannt und mit Inhalt gefüllt würde. Über die Lernziele, die letzte Instanz der damals gängigen Bildungsplanung, erfährt man nur, dass sie Verhaltensqualitäten bezeichnen, »von denen die Gesellschaft wünscht, dass der Lernende sie erwirbt. Die ideale Lernzielangabe«, geht es dann weiter, »bestünde in der präzisen Nennung einer Aufgabe oder Aufgabenkategorie und der Bezeichnung jener Verhaltensweisen des Lernenden, die als manifeste Anzeichen der Lösung gelten sollen.« Das Vorbildliche und das Mustergültige, die klassischen Werke, die maßgeblichen Autoren und die kanonischen Tugenden kamen in der Lernzieltaxonomie nicht mehr vor. Wo alles auf den Output, aufs Verhalten ankam, wurde der Input, das Inhaltliche, ziemlich belanglos. Tatsächlich haben die Curriculumwerkstätten, die damals überall eingerichtet und mit hunderten von Planstellen ausgestattet worden sind, nicht einen einzigen konkreten Lehrplan entworfen. Es gab Präliminarien ohne Ende, aber nichts, was der

Schule im Alltag weitergeholfen und ihr gesagt hätte, wo es lang ging.

Ihren radikalsten Ausdruck fanden die Reformideen in der Kollegschule, wie sie in Nordrhein-Westfalen eine Zeit lang propagiert und erprobt worden ist. Wie meistens, begann die Neugestaltung mit einem gewaltigen Kahlschlag, mit der Behauptung nämlich, dass der Kanon, »ja überhaupt die Vorstellung von einer in bestimmten Fächern materialisierten Allgemeinbildung« restlos aufzugeben sei. Sie wurde ersetzt durch das Prinzip der freien Auswahl. An die Stelle des einheitlichen, nur nach Gymnasialtypen verschiedenen Abiturs sollten an jeder einzelnen Kollegschule siebzehn Bildungs- oder Ausbildungsschwerpunkte treten, die von Mathematik/Philosophie über Textil- und Bekleidungstechnik, Erziehung und Sozialwesen bis hin zu Kunst, Musik, Gestaltung an siebzehnter und letzter Stelle reichten. Sämtliche Fächer und sämtliche Berufe galten als gleichwertig, denn die Überwindung des hergebrachten Abstands zwischen beruflicher und allgemeiner Bildung war das erklärte Ziel des ehrgeizigen Schulversuchs. Begründet wurde die große Nivellierung mit dem Prinzip der Wissenschaftsorientierung, das jede Über- oder Unterordnung von Fächern, Themen oder Gegenständen angeblich verbot. Wenn Kanon Richtschnur heißt und die Reformer Richtung konsequent vermeiden wollten, dann hatten sie ihr Ziel erreicht. Wissenschaftsorientierung war der Name des Rasiermessers, das alles auf dieselbe Höhe brachte. Was die Schule nicht mehr leisten konnte oder wollte, die Auswahl von Themen und ihre Bündelung zu einem halbwegs konsistenten Ganzen, das sollten jetzt die Schüler selbst besorgen. Die Schule, lautete die neue Parole, »trägt für den Bildungsgang keine Haftung mehr; die

Haftung ist auf den Schüler abgewälzt, der Schüler hat zu verantworten, welchen Gebrauch er von der ihm zugestandenen Wahlfreiheit macht«.

Das hieß die Kinder überfordern. Vom Kanon blieb nach diesem Gewaltakt nicht viel übrig, weil die gezielte Überforderung ja schon immer die bessere Methode war, ein System – in diesem Fall: das Prinzip der kanonischen Auswahl – zu ruinieren, als der frontale Angriff. Mit ihrem Defätismus, der den Schülern auflud, was sie selbst nicht mehr konnten oder wollten, haben die Reformer der Schule wahrscheinlich mehr geschadet als die dogmatischen Revolutionäre, deren Rechthaberei bei den Schülern schlecht ankam. Bildung wurde zur Ausbildung und Ausbildung zum berufsvorbereitenden Verhaltenstraining. Die Hingabe ans Ästhetische schien nutzlos wo nicht sogar gefährlich, weil sie die Schüler zum Eskapismus verführte, zur Flucht aus der Wirklichkeit in die allzu heile Welt der Künste. Die Wahrnehmung zu kultivieren, galt als bildungsbürgerlicher Firlefanz, und das sogar zu Recht, weil der Glaube an den überragenden Wert der Bildung in der Tat eine bürgerliche Erfindung ist. Den Arbeiterbildungsvereinen war das noch klar, sie wollten zum Bürgertum aufschließen und griffen deshalb nach den Koryphäen des bürgerlichen Bildungskanons, nach Schiller, Goethe und so weiter. Anders die Lehrplanrevisoren; die sahen im Bürgertum nicht mehr das Beispiel, sondern ein Gegenbild, den Klassenfeind, der pädagogisch überwunden werden musste.

Der gemeinsame Vorrat an Vorlieben und Maßstäben, den die bürgerliche Gesellschaft Allgemeinbildung genannt und in Gestalt des Bildungskanons durch die Generationen weitergereicht hatte, war jetzt verdächtig. Kultur wurde zu einem Universalbegriff, der auf alles

Mögliche anwendbar war; wer sich politisch korrekt ausdrücken wollte, gebrauchte das Wort nur noch im Plural. Man räumte den schönen, großen Marktplatz, auf dem sich die Bürger über die Zeit hinweg mit Ihresgleichen verständigt hatten; und nicht nur mit Ihresgleichen, denn die Anwälte des Vierten Standes, die Marx, Lassalle und Bebel, hatten ja dieselbe Schule durchlaufen, denselben Kanon auswendig gelernt, dieselbe Bildung in sich aufgenommen. Wenn sie dem Klassenfeind im Reichstag oder sonstwo begegneten, redeten sie mit ihm von Gleich zu Gleich. Der Stuttgarter Verleger Michael Klett, ein Mann, der sich im Schulbuchgeschäft genauso gut auskennt wie in der Belletristik, hat sich darüber gewundert, dass die bürgerlichen Kräfte dem Angriff, der da unter dem technischen Begriff der Lehrplanrevision auf sie zukam, so wenig entgegenzusetzen hatten, ihn gar nicht einmal ernst genommen haben. Sein Urteil war hart: »Die ganze Vielfalt literarischer Gattungen wurde eradiert, die Literaturkanones gesäubert und weitgehend durch Zeitgenossen und allenfalls mit Texten aus der Vorkriegszeit ersetzt. In den Lese- und Sprachbüchern sollten aktuelle Realitäten anstelle der vergangenen stehen. Man höhnte den pflügenden Landmann und Gretchen am Spinnrad, so als ob wir nicht von etwas herkämen, das ebenso Bestandteil unserer Existenz ist wie Zukunftshoffnung, so als ob der Entwicklungsroman, diese Gipfelleistung für Werden und Festigung junger Menschen, präfaschistischer Unfug wäre.« Und dann, im Rückblick auf die eigene, viel zu maßvolle Reaktion: »Als Adept in unserem Schulbuchverlag konnte ich den Umschwung hautnah erleben – mein Vater und ich waren der törichten Meinung, das sei nichts als eine Mode und ginge wieder weg. Wir hatten nicht begriffen, dass in

Deutschland Revolutionen wirklich durchgreifend sind, weil sie nicht auf der Straße stattfinden, sondern in der verwalteten Schule.«

Nach Ansicht der Curriculumkonstrukteure sollte der Unterricht problemorientiert sein; und meistens war er das dann auch. Als Probleme, über die Schüler nachsinnen, mit ihrem Tischnachbarn diskutieren und gemeinsam mit ein paar anderen einen Lösungsvorschlag erarbeiten sollten, waren Umweltschäden, Drogenhandel, Kolonialkriege, Ausbeutung in der Ersten und Hunger in der Dritten Welt besonders beliebt; und selbstverständlich immer wieder Auschwitz, Drittes Reich und Adolf Hitler. Was auf den Lernzielkatalogen ganz weit oben stand, das war verbindlich, es musste überall und immer wieder durchgenommen werden. »Jede Lehrplanforderung und jedes Fach«, verlangte eine schleswig-holsteinische Lehrplankommission, sei nach ihrem Beitrag zu den fünf Kernproblemen zu bewerten, die da lauten: Frieden, Umwelt, Fortschritt, Gleichstellung und Partizipation. Der Wunsch, aus der Vergangenheit zu lernen, brachte das Nazireich nicht nur in der Geschichte auf den Lehrplan, sondern auch im Deutschunterricht, in Biologie und in Religion. Wenn dabei Langeweile aufkam oder Aversionen laut wurden gegen die Wiederkehr des Gleichen, war das ein Zeichen für Verstocktheit, für Widerstand im psychoanalytischen Sinne, verwerflich also und vom Lehrer mit einer Verdoppelung der ohnehin schon übermäßigen Dosis zu beantworten. Dass das Gefühl von Schuld, Versagen und Betroffenheit durch diese Art von Unterricht gerade nicht vertieft, sondern abgestumpft wurde, haben die aufgeklärten Lehrplanmacher nicht verstanden, bis heute nicht.

Von den zahlreichen Mängeln moderner Lehrpläne ist

die Missachtung der Emotionen wahrscheinlich der empfindlichste. Der Leerraum, der sich aufgetan hatte, blieb allerdings nicht lange unbesetzt. Gewalt an der Schule, dieses Lieblingsthema der deutschen Presse, ist eine verquere Antwort junger Menschen auf ihre Hilflosigkeit im Umgang mit Gefühlen. Um die zu kultivieren, muss man sie kennen lernen und probeweise ausleben, und das geschieht, höhere Ansprüche vorausgesetzt, in der Begegnung mit großer Kunst. Aristoteles hat seine Lehre von der Katharsis, der Reinigung der Affekte, nicht zufällig am Beispiel der Tragödie entwickelt. Mit seinem vielzitierten Ausspruch, wer Musikschulen schließe, gefährde die innere Sicherheit, hat Otto Schily erst kürzlich wieder an diesen Zusammenhang erinnert. Er meinte, dass es besser sei, seinen Gefühlen auf dem Theater, in der Musik oder sonstwo nachzugeben als dadurch, dass man sich vor den Fernseher setzt und brutale Videos anschaut. Die Musik erreicht Abgründe und Winkel der Seele, in die sonst nichts und niemand hineinreicht, auch der Arzt nicht. Wer erlebt hat, wie sich sprachgehemmten oder sprachunfähigen Kindern buchstäblich die Zunge löst, wenn sie die richtige Musik zu hören bekommen, wie sie zunächst ganz unartikuliert um Worte ringen und schließlich tatsächlich zu sprechen beginnen, der ahnt, wie eng Musik mit Artikulationsfähigkeit und damit eben auch mit Sprache, dem menschlichsten aller Ausdrucksmittel, verbunden ist.

In der Musik, sagt Nietzsche, genießen sich die Leidenschaften selbst. Wenn die Schule nicht nur den Verstand, sondern auch die Gefühle ansprechen soll, darf sie auf die Beschäftigung mit der Musik zu keiner Zeit verzichten. Die meisten Kinder sind von Natur aus musikalisch, die Gabe muss nur rechtzeitig entdeckt und entwickelt oder besser: vor dem Verkümmern bewahrt werden. Das gilt vor allem für die Stimme, das natürliche Instrument, das jedem gegeben ist und das durch Singen gebildet wird. Deswegen ist es ein Ärgernis, dass mehr als die Hälfte des Musikunterrichts an deutschen Schulen ausfällt oder fachfremd erteilt wird. Musik als Leistungskurs in der Oberstufe kommt nur noch selten zustande, die meisten Gymnasien bieten sie gar nicht erst an. Selbst Schulen mit langer musikalischer Tradition haben Schwierigkeiten, die Spieler und die Sänger für ihre Orchester und ihre Chöre zusammenzubringen. In den letzten Klassen der Hauptschule kann das Fach abgewählt werden, die Mehrheit der Schüler macht von dieser Möglichkeit auch Gebrauch. Musik, die deutscheste von allen Künsten, hat an den deutschen Schulen einen schweren Stand.

Das Deutschland das Land der Musiker und der Musik gewesen ist, erfährt man allenfalls noch im Ausland, wo man kein anspruchsvolleres Konzert besuchen kann, ohne den Programmzettel mit deutschen Namen übersät zu finden. Stärker als anderswo war der deutsche Bildungsbegriff ästhetisch eingefärbt und über die Gefühle zugänglich. Das geht auf seine Ursprünge zurück, auf die Zeit der unerfüllten Nationalsehnsucht, als die Deutschen auf ihre Art, mit Hilfe der Vorstellungskraft, zu gewinnen suchten, was für andere Nationen eine Sache des Verstandes und der Anschauung war. Maßgeblich wurde Schiller mit seinen Briefen *Über die ästhetische Erziehung des Menschen*. Auf ihn greift der Pädagoge Johann Friedrich Herbart zurück, wenn er die ästhetische Darstellung der Welt rundheraus zur Hauptaufgabe der Pädagogik erklärt – und über Schiller auf das Altertum.

Für die Antike stand die erzieherische, die psychagogische Wirkung der Musik so sehr im Vordergrund, dass sie nicht im Zusammenhang der Künste, sondern als Teil der allgemeinen Staatslehre behandelt wurde. Aristoteles glaubte, dass die Musik der Seele eine bestimmte Form, die er dann folgenreich Charakter nannte, aufzudrücken vermag. Rhythmen und Melodien seien die Abbilder von Stimmungen und Temperamenten wie Zorn oder Sanftmut, Tapferkeit, Enthaltsamkeit und deren Gegenteil. Deswegen müsse man die Jugend mit Hilfe der Musik erziehen, »und das umso mehr, als der musikalische Unterricht gerade für diese Altersstufe passt«. So wie die Gymnastik den Körper in eine bestimmte Form bringt, könne die Musik den Charakter bilden und veredeln, »indem sie die Menschen daran gewöhnt, sich in der richtigen Weise zu freuen«. Die Spaßpädagogik ist nachsichtiger, sie hat keine Maßstäbe, dafür jedoch ein weites Herz. Sie will die Menschen freizeittauglich machen, aber nicht ihren Charakter bilden. Deswegen redet sie von Spaß und nicht von Freude, von der richtigen Freude schon gar nicht.

In seiner kleinen Ballade auf den Ladenjungen Fritz Katzfuß hat Fontane dem jugendlichen Bedürfnis nach großen und starken Gefühlen, das sich auch gegen Widerstände Bahn bricht, ein Denkmal gesetzt. Der Junge war immer schnell zur Hand, wenn es etwas aus dem Regal zu nehmen und über den Ladentisch zu reichen gab; er brauchte aber quälend lange, wenn er den Gang über den Hof oder in den Keller machen musste, um Vorräte von weiter her zu holen. Die Erklärung fand sich, als er, um besser zupacken zu können, seinen Rock auszog und dabei ein Buch verlor, das niemand bei ihm vermutet hatte. Es war ein völlig zerlesenes Exemplar mit Goethe-Gedichten, mit einer Wurstpelle als Lesezeichen zwischen den Seiten, auf denen Mignons Lied stand. Fritz Katzfuß dehnte seine Arbeitsgänge, um zu lesen, Gedichte zu lesen und immer wieder zu lesen. Fontane feiert ihn darum emphatisch als sein Vorbild, als sein Ideal. Einem früheren Kultusminister, dem Hessen Hartmut Holzapfel, war so viel Begeisterung unverständlich. Ihm fiel zu Goethe und zu Mignon, zum Kanon und zur Poesie, zu Fritz Katzfuß und zu Theodor Fontane nur die trockene Bemerkung ein, es ginge ja auch ohne Goethe. Natürlich geht das, nicht nur in Hessen hat man es probiert. Gute und leidenschaftliche Leser, wie sie sich PISA wünscht, erzieht man sich auf diese Weise aber nicht.

Kultur ist Sprache

Oder: Wozu Griechisch?

Sprache wird unbewusst erlernt: die eigene ohnehin, die meisten fremden aber auch. Gewohnheit und Gelegenheit zum Sprechen sind wichtiger als die Buchgelehrsamkeit, das Vokabellernen und Grammatikpauken von ehedem. In einer Zeit, in der die Kinder als Austauschschüler schon früh ihre Erfahrungen im Ausland machen und eine weitere Sprache, meistens natürlich Englisch, gewissermaßen nebenbei erlernen, tritt das bewusste Element beim Sprechen und Schreiben immer weiter zurück. Die Geläufigkeit im Gebrauch fremder Sprachen, eine durchweg erfreuliche Begleiterscheinung der Globalisierung, zeigt sich bei jedem Schülerwettbewerb; dass der stilistische Ehrgeiz, der unbedingt dazugehört, wenn man eine Sprache nicht nur richtig, sondern auch gut sprechen will, bei dieser Art des Lernens zu kurz kommt, merkt man bei solchen Gelegenheiten aber auch. Wer im Alltag lernt, lernt für den Alltag und kommt ohne höhere Ansprüche an Schönheit, Präzision und Wohlklang der Sprache aus.

Als kulturelles Phänomen ist Sprache immer mehr gewesen als Information und Kommunikation. In seinen *Unvorgreiflichen Gedanken, betreffend die Ausübung und Verbesserung der deutschen Sprache* rät Leibniz, sich der Wörter »als Vorbilder und gleichsam als Wechselzettel des Verstandes« zu bedienen und darauf zu achten, dass sie »wohl gefasst, wohl unterschieden, zulänglich, häufig, leichtfließend und angenehm sind«. Klarheit und Schönheit der Sprache ergeben sich eben nicht von selbst, sie müssen gewusst und gewollt werden. Wer auf die ästhetische Dimension nicht verzichten und Sprache als das künstlichste Erzeugnis der menschlichen Natur pflegen will, für den sind die alten Sprachen immer noch nützlich. Dem Globetrotter bringen sie natürlich nichts, dem Liebhaber der Literatur, von Drama, Poesie und Rhetorik, aber umso mehr. Man muss diesen Dingen nur einen Eigenwert zubilligen, dann kommt man ganz von selbst auf Griechisch und Latein zurück.

Wilhelm von Humboldt hat diesen Gedanken in seinem Litauischen Schulplan am frühesten und am besten formuliert. Er empfahl, beim Unterricht »nicht auf das Bedürfnis des Lebens, sondern rein auf ihn selbst, auf die Kenntnisse als Kenntnis, auf die Bildung des Gemüts und im Hintergrund auf die Wissenschaft« zu achten. Denn im Gemüt und in der Wissenschaft sei kein Anfang und kein Ende, alles sei Mittel und Zweck zugleich, so dass, wie Humboldt resümiert, »jeder Schritt weiter Gewinn ist, auch wenn unmittelbar dahinter eherne Mauern gezogen würden«. Auch Humboldt wollte seine Schüler für das Leben lernen lassen, kann also insoweit als Anwalt des Nützlichen betrachtet werden. Nur dass sich für ihn der Nutzen einer Sache aus ihrer Tauglichkeit ergab, die Gefühle zu veredeln und die Wissenschaft zu befördern. Von der Nützlichkeit hatte er sich eine etwas andere, umfassendere und anspruchsvollere Vorstellung gebildet als die Effizienzapostel von heute.

Der Weg, der von Humboldts Schulplänen zu den Grundsätzen führte, nach denen er die Berliner Universität entwarf, war kurz und geradlinig. Früher und besser als die Erfinder des wissenschaftsorientierten Unterrichts hatte er verstanden, dass die nach seinen Vorstellungen konzipierte Schule das ideale Propädeutikum für ein Studium war, das nicht bloß im Rahmen, sondern auch im Geiste der Wissenschaft betrieben wurde. Alles beruhe darauf, so seine oft zitierten Worte, »die Wissenschaft als etwas noch nicht ganz Gefundenes und nie ganz Aufzufindendes zu betrachten und unablässig sie als solche zu suchen«. Dann folgt, an die Adresse der Obrigkeit gerichtet, in deren Dienst er stand und der er treu ergeben war, die eindrückliche Mahnung: Der Staat mache es am besten, wenn er sich immer bewusst bliebe, dass er im Grunde nur störe und die Sache ohne ihn unendlich viel besser vorangehen würde. Das gilt inzwischen überall, aber nirgendwo mehr als in Dingen der Erziehung und der Bildung.

Humboldts Idee, die Bildung zum Selbstzweck zu machen und das Nützliche im Übernützlichen zu suchen, ist vom Bundesverfassungsgericht, dem autorisierten Interpreten des deutschen Grundgesetzes, ausdrücklich bestätigt worden. Der zentrale, für alle Forschungs- und Bildungsbürokraten wahrscheinlich anstößige Begriff heißt Freiheit: Es sei das Freisein von gesellschaftlichen Nützlichkeits- und politischen Zweckmäßigkeitsvorstellungen, das den Forscher dazu befähigt, »dem Staat und der Gesellschaft im Ergebnis am besten zu dienen«, heißt es in dem einschlägigen Urteil. Die Wissenschaft erreicht die Ergebnisse, um derentwillen sie so großzügig unterstützt wird, nur im Zustand der Freiheit. Selbstzweck und Staatszweck, das Interesse des Einzelnen und das Wohl der Gemeinschaft, fallen zusammen.

Als das Urteil erging, im Jahre 1978, stand die Neigung, die Zwecke kurzzuschließen und alles, wirklich alles vom Sport über die Schule bis hin zu den schönen Künsten zu funktionalisieren und zu kommerzialisieren, noch im Anfang. Inzwischen hat sie an Geschwindigkeit und Einfluss gewonnen. Sie ist zur Übermacht geworden, die schon deshalb Skepsis verdient und Widerstand hervorruft, weil sich die Sache nicht mehr rechnet. Das Nützliche trägt nichts mehr ein, es scheitert nicht nach fremden Maßstäben, sondern nach seinen eigenen. Der rabiate Wunsch nach Brauchbarkeit und Verwertbarkeit, wie er fast überall zu hören ist, hat handfeste Mängel beim Lesen und Schreiben, beim Denken und Rechnen hervorgebracht. PISA hat es bestätigt, PISA sei Dank!

Diese Erkenntnis hat es den Liebhabern der alten Sprachen leichter gemacht. Sie erhalten Beistand von denen, die dem effizienzsteigernden Innovationszirkus nicht mehr viel abgewinnen können. Man hat uns amputiert, klagt einer von den vielen, die sich als Opfer der Reform fühlen. Im Zeichen einer kurzschlüssigen und unüberlegten Reform hätten Schulpolitiker aller Parteien das europäischste aller Medien zerstört, »älter als das Christentum, weiter ausgreifend als dieses: ich meine die alten Sprachen, das Griechische und, in zweiter Linie, das Lateinische«. So äußert sich nicht etwa ein Altphilologe, sondern ein Liebhaber der Gegenwart, der Kieler Soziologe Lars Clausen. Er fragt: »Wussten Sie, dass alle Literatur vor Mitte des vorigen, des 20. Jahrhunderts, Abiturienten unverständlich wurde und wird? Dass verzweifelte Fachbereiche für Literaturwissenschaft überlegen, wenigstens antike Götter- und Mythenkunde als Propädeutikum einzuführen, ähnlich wie die Volkswirte die Differenzialrechnung?« Die Mehrzahl der deutschen Abiturienten sei unfähig, Brecht, Shakespeare oder Kleist zu verstehen, berichten Geisteswissenschaftler aller Fakultäten aus ihrer Erfahrung als Prüfer. Der Preis für die Reform war hoch, zu hoch. Was fremd und schwierig aussah, wurde verbannt; und schwierig war natürlich alle große Literatur.

Wenn überhaupt, lassen sich die alten Sprachen nicht mit dem vordergründigen Nutzeffekt verteidigen, der dem Kenner des Griechischen dadurch zuteil werden mag, dass er zwischen Gastwirtschaft und Gastronomie etymologisch unterscheiden kann. Man muss es machen wie Nietzsche in seiner kleinen, als Teil der *Götzendämmerung* erschienenen Schrift mit dem schönen Titel *Was ich den Alten verdanke*. Dort berichtet Nietzsche von dem artistischen Entzücken, das ihn bei der ersten Begegnung mit Horaz überkam; in gewissen Sprachen, so sein überschwängliches Lob, sei das, was hier, in der horazischen Ode, erreicht wurde, »nicht einmal zu wollen. Dies Mosaik von Worten, wo jedes Wort als Klang, als Ort, als Begriff nach links und rechts über das Ganze hin seine Kraft ausströmt, dies Minimum an Umfang und Zahl der Zeichen, dies damit erreichte Maximum an Energie der Zeichen.« Schöner und gerechter ist die lateinische Sprache in ihrer durch Horaz erreichten Vollendung nie mehr gewürdigt worden; und sicher nie von einem kompetenteren Autor als Nietzsche. Wenn jemand wusste, was Minimum an Umfang, verbunden mit einem Maximum an Wirkung zu bedeuten hat, dann er. Es sei sein Ehrgeiz, schreibt er irgendwo, mit ein paar Sätzen das zu sagen, was andere in ganzen Büchern gesagt haben – »nicht gesagt haben«, wie er kokett und selbstbewusst hinzusetzt.

Viele, auch Nietzsche selbst, haben das Griechische noch über das Lateinische gestellt. Sie taten das nicht nur aus Liebe zu der überragenden Literatur, die in dieser

Sprache erschienen ist und die das meiste von dem, was die Römer anzubieten haben, in den Schatten stellt, sondern auch mit Rücksicht auf die Sprache als solche, auf ihre Grammatik, ihre Syntax und ihren Wortreichtum. Zumindest unter den europäischen dürfte es keine zweite Sprache geben, die sich an Modulationsfähigkeit und Nuancenreichtum mit dem Griechischen vergleichen kann. Nur deshalb konnten ja auch die großen, traditionsbildenden Gattungen der europäischen Literatur von den Griechen nicht nur erfunden, sondern in kürzester Zeit zur Vollendung geführt werden. Ihre Sprache war biegsam und ausdrucksfähig wie keine sonst, geschaffen für den differenzierten Ausdruck von Gedanken und Gefühlen.

Ein wichtiger Grund dafür sind die vielen Partikel, die kleinen, unscheinbaren Wörtchen wie »ge« oder »gar«. Sie begleiten den Text mit einer leisen, aber unüberhörbaren Melodie, die klarmacht, wie das Gesagte einzuordnen ist. Im Griechischen klingt eine Begründung anders als ein Widerspruch, die Bedingung verlangt eine andere Konstruktion als die Ergänzung, und so fort. Kein Satz, der unverbunden neben dem anderen steht, ein »de« oder »men oun« ist das mindeste, was das Griechische verlangt. Schleiermacher hat versucht, die Wirkung dieses Partikelreichtums im Deutschen zu imitieren, wenn er die Gesprächspartner in den platonischen Dialogen ihre Zustimmung mit Sätzen wie »Nun wohl denn gar« äußern lässt – was auf uns einigermaßen lächerlich wirkt, da wir im Deutschen eben nur »Ja« sagen können, wo das Griechische mit drei oder vier Wörtern ganz eigene und immer wieder andere Farben ins Spiel bringt.

Eine der Grundregeln der griechischen Sprache heißt: Es gibt kein Asyndeton. Kein Nachsatz darf dem

Vorsatz folgen, ohne mit einem noch so kleinen Zungenschlag das logische Verhältnis anzudeuten, das da herrscht. Die unverbundene, partikellose Rede, das bloße Aneinanderreihen von Sätzen, wie es uns die Nachrichtensprecher im Radio und im Fernsehen Tag für Tag vormachen, galt unter Griechen als barbarisch. Sie waren der Ansicht, dass man, um seine Hörer zu überzeugen, die logische Struktur mit den Mitteln der Sprache unterstreichen müsse. Im Deutschen hält man das für überflüssig. Da werden die Sätze und die Gedanken aneinandergereiht, ohne dass man sich Mühe gäbe, den einen mit dem anderen zu verbinden. Um zu verstehen, dass es anders und wie es besser geht, sollte man Griechisch lernen.

Deutlich zu sprechen, galt in Griechenland als Tugend. Die großen Redelehrer haben die Forderung nach Klarheit allen anderen vorangestellt. Der Formenreichtum dieser Sprache kam ihrem Wunsch entgegen, denn er erlaubt, nicht nur zwischen Vergangenheit, Gegenwart und Zukunft zu unterscheiden, sondern auch auszudrücken, welcher Aspekt der Handlung dominiert, der Anfang, die Dauer oder das Resultat. Statt der üblichen drei oder vier kennt das Griechische mindestens sechs verschiedene Tempora; neben den beiden Modi Indikativ und Konjunktiv gibt es noch einen dritten, den Optativ; statt der bekannten zwei genera verbi, dem aktiven und dem passiven, gibt es im Griechischen noch eins mehr, das Medium. Es sieht so aus, als hätten die Griechen immer etwas mehr gewollt als die anderen. Sie haben das selbst gewusst und einen ausgeprägten Stolz entwickelt, der sich vor allem auf ihre Sprache stützte. Als der persische Großkönig Xerxes I. kurz vor der Schlacht von Salamis einen Gesandten nach Athen schickte, um von der

Stadt Wasser und Erde als Zeichen ihrer Unterwerfung zu verlangen, ließ ihn Themistokles festnehmen und von der Volksversammlung zum Tode verurteilen, weil er, wie Plutarch berichtet, »die Stirn gehabt habe, die griechische Sprache für die Befehle eines Barbaren zu missbrauchen«. Eine Begründung, für die Plutarch die Bürger von Athen ausdrücklich lobt.

Damit ist das böse, politisch unkorrekte Wort vom Barbaren gefallen. Und weil es in Deutschland als schick gilt, die Rede vom Barbaren selbst als barbarisch zu betrachten, muss man auf diesen Vorwurf eingehen. Barbarisch soll das Wort vor allem deshalb sein, weil es die Wahrnehmung des anderen als eines anderen verhindere und dazu einlade, in allem Fremden etwas Minderwertiges, Bedrohliches und Feindseliges zu erkennen. Diese Begründung ist lächerlich, und niemand widerlegt sie besser als die Erfinder des Begriffes selbst, die Griechen. Es hat ja wohl noch nie ein Volk gegeben, das allein auf Grund seiner unbändigen Neugier allem Fremden gegenüber aufgeschlossener gewesen wäre als sie. Um das zu bemerken, braucht man nur ein paar Seiten Herodot zu lesen. Der unvoreingenommene Blick, mit dem er durch die Welt reist und notiert, was ihm begegnet, spricht aus jeder Zeile.

Die Griechen haben nie für sich gelebt, als geborene Händler konnten und wollten sie das auch gar nicht. Kein Volk hat sich dem Einfluss fremder Kulturen weiter geöffnet als sie. Was man heute mit einem weit gefassten Sammelbegriff als »die« griechische Kultur bezeichnet, ist entstanden als ein Konglomerat aus allerlei orientalischen, ägyptischen, babylonischen und phrygischen Einflüssen, die erst vergleichsweise spät, gewiss nicht vor dem siebenten Jahrhundert, zu einer neuen, unverwechselbaren Form zusammengeschmolzen worden sind. Der griechische Götterhimmel war überfüllt mit Zugewanderten aus aller Herren Länder: Pan und Dionysos, Astarte und Hekate, sogar Europa, die dem Kontinent den Namen gab, waren von irgendwoher dazugekommen. Sie blieben allerdings nicht fremd, sie wurden aufgenommen, eingeordnet, integriert.

In dieser bunten Götterwelt erkannten sich die Griechen wieder. Sie fühlten sich als Spätgeborene, als Erben und Verwalter fremden Reichtums. Ausgerechnet Solon, der in ganz Griechenland als Ausbund an Weisheit und Erfahrung verehrt wurde, bekommt von einem ägyptischen Priester zu hören, dass die Griechen gutgläubig, neugierig und naiv wie große Kinder wären. »Oh Solon«, lässt Platon im *Timaios* einen alten Ägypter sagen, »ihr Griechen seid und bleibt doch immer Kinder. Einen erwachsenen Griechen habe ich noch nie getroffen.« Was dann folgt, ist ein Ausflug in die sagenhafte Vorzeit, eine mythologische Konstruktion, die in der Behauptung gipfelt, die Griechen besäßen keine eigene Kultur: Das Lesen, Rechnen und Schreiben hätten sie nicht selbst erfunden, sondern von den Ägyptern, den Babyloniern, den Phöniziern und anderen übernommen. So also sieht der Chauvinismus aus, den man den Griechen nachsagt und der sich in der Rede vom Barbaren zu erkennen geben soll.

Über all dies haben die Griechen selbst recht gut Bescheid gewusst. Sie kannten beides: das, was sie von den anderen übernommen, und das, was sie selbst daraus gemacht hatten. Damit sind sie das historisch eindrucksvollste Beispiel für eine Lehre, der im multikulturellen Deutschland die Rolle einer neuen Zivilreligion zugedacht ist: dass die Kenntnis des Eigenen Voraussetzung ist für die Anerkennung des Fremden. Dies Eigenste erscheint schon bei den Griechen als dasselbe, durch das sich die europäische, inzwischen weltweit herrschende Kultur von allen anderen unterscheidet. Die Griechen waren die ersten, die mit der Betrachtung der Wirklichkeit nach dem Prinzip von Ursache und Wirkung ernst gemacht haben. Thukydides hat nicht nur aufgeschrieben, was war – das haben andere auch getan –, sondern gefragt, wie es dazu gekommen ist.

Die Wissenschaft ist eine griechische Erfindung. Bruno Snell hat ihr in seinem Buch über *Die Entdeckung des Geistes* nachgespürt und eine der Ursachen für diese Entdeckung in der Sprache, der griechischen Sprache, gefunden. Der bestimmte Artikel, den es in vielen anderen Sprachen nicht gibt, lädt, wie Snell meint, die Menschen dazu ein, das Allgemeine als etwas Bestimmtes zu fassen. Das wiederum begünstigt die von den Griechen geradezu exzessiv genutzte Möglichkeit, ganze Wortgruppen oder Satzbestandteile zum Substantiv zu machen und so, als handliche, leicht versetzbare Werkstücke, in anderen Zusammenhängen weiterzuverarbeiten. Was das für die Philosophie bedeutet, zeigt der Zentralbegriff der aristotelischen Metaphysik, das »ti än einai«: ursprünglich ein indirekter Fragesatz, der dann seinerseits durch den bestimmten Artikel zum Subjekt erhoben wurde und in dieser Gestalt die gesamte abendländische Philosophie beschäftigt hat, bis heute.

Wenn man nach diesem Ausflug in die Antike zurückspringt in die Gegenwart und fragt, was die zeitgeistgerechte Sprachbetrachtung den alten Autoren entgegenzusetzen hat, dann fällt die Antwort leicht. Ein zu seiner Zeit hoch angesehener und vielzitierter Fachmann für Didaktik empfiehlt das folgende Stück – einen Bericht aus dem Alltag, wie er es nennt – zur Behandlung im Deutschunterricht: »Also der da geht da rein und die spielen da mit sonem Ball. Und dann kickt der da den Ball da rein. Und hier hauen die ab, und der da kommt. Und der kommt jetzt hier wieder raus. Und da sieht der den und denkt ›Der war's‹ und klebt dem eine. Dabei war der's gar nicht, aber das weiß der ja nicht, aber der Ball muss ja noch da drin liegen, aber der hätt' sich ja auch wehren können. Ganz schön gemein das alles.« Dieser Text wird ausdrücklich gelobt, seiner hohen Textökonomie wegen sowie mit Rücksicht auf den situationsgerechten Einsatz sprachlicher Mittel. Verbale und visuelle Kommunikationsformen würden »elegant einander komplementieren«, schreibt der Sprachdidaktiker.

Was soll man dazu sagen? Ganz schön blöd das alles – um für einen Augenblick auf dem Sprachniveau des Autors zu bleiben? Aber das reicht ja nicht. Denn es unterschlägt den bleibenden Schaden, den ein solcher Sprachunterricht bei jungen Menschen hinterlassen muss. Sie sind dem Zugriff dieser Pädagogen, die sich in ihrem Beruf geirrt haben, schutzlos ausgeliefert. Natürlich hat die Sprachverluderung, die von der PISA-Studie so eindrucksvoll bestätigt worden ist, viele Ursachen; die Schule, der Unterricht, die Rahmenrichtlinien, die Fachdidaktik, die linguistische Wende und was es sonst noch gibt, sind aber, um das Mindeste zu sagen, mitschuldig. Was durch das Verächtlichmachen der Literatur und den Verzicht auf sprachliche Muster verloren gegangen ist, lässt sich so bald nicht wieder aufholen. Ganze Jahrgänge sind von ein paar übergeschnappten Didaktikern um die Erfahrung betrogen worden, was Sprache ist und was sie kann. Statt dem Einfluss der modernen Miterzieher Widerstand entgegenzusetzen und den Kindern jedenfalls einmal im Leben eine Ahnung davon zu geben, wie viel Mühe, aber auch Freude es macht, wenn man sein Ziel erreicht und die Form dem Gedanken entspricht – statt das zu tun, haben diese Leute alles unternommen, um das Fallende auch noch zu stürzen. Ihr Verdacht gegen die Hochsprache hat genau das bewirkt, was zu vermeiden er seinerzeit vorgeblich propagiert wurde: Er hat die Bildungsaufsteiger lebensuntauglich gemacht. Er hat sie ihrer Herkunftsgruppe entfremdet, aber auf keiner neuen Ebene ankommen lassen.

Ob sich diese Fachleute jemals gefragt haben, was sie Kindern antun, wenn sie ihnen die Freude am gelungenen Ausdruck, den Ausblick in eine fremde Welt, die Kenntnis eines anderen Menschen, das Glück und den Trost, den das Ausleben der Gefühle im Medium der Sprache bereitet, systematisch vorenthalten? Und sie stattdessen mit dem langweilen, was ihnen sowieso schon zu den Ohren herauskommt, mit Zeitungstexten und Kreuzworträtseln, mit dem Behördendeutsch und der Sprache der Werbung? Die Grenzen seiner Sprache seien die Grenzen seiner Welt, hat Wittgenstein gesagt: Mit welchem Recht werden dann Kinder im Käfig ihrer Herkunftssprache eingemauert?

Kein anspruchsvoller Text erschöpft sich in dem, was er bloß mitzuteilen hat. Er drückt immer mehr aus, als er sagt, und dieses Überangebot wird als Befreiung erlebt. Wahrscheinlich ist es dieser Überschuss, der die große Literatur den Reißbrettpädagogen so verdächtig macht; Freiheit ist ihnen ja suspekt. Sie wollen nicht eigentlich erziehen, sondern fit machen für die Welt, die sie sich erträumen. Der Lernprozess soll, wie es Saul Robinsohn einmal gesagt hat, keine Inhalte vermitteln, sondern Verhalten trainieren. Es geht nicht mehr um den Einzelnen, sondern um einen bestimmten gesellschaftlichen Zustand, der herbeigeführt werden kann und muss. Das Ideal dieser Pädagogen ist der gläubige, der folgsame, der abhängige Mensch. Mit dem können die Griechen allerdings nicht aufwarten. Die Antike ist widerständig; und Widerständigkeit ist das letzte, was sich ein Dompteur wünscht.

Man kann sich nicht mit der griechischen Kultur beschäftigen, ohne vom Freiheitsdrang und Freiheitskult dieses Volkes angesteckt zu werden. Bis heute dürfte es nicht ganz leicht sein, Plutarchs Bericht über den Aufbruch der Athener nach der Insel Salamis ohne innere Anteilnahme zu lesen. Er schreibt: »So fuhr die ganze Stadt aufs Meer hinaus, ein Anblick, der viele tief erschütterte und viele andere staunen ließ über den kühnen Mut der Athener, die ihre Familien andernorts unterbrachten und selber, ungerührt vom Jammer, von den Tränen und Umarmungen ihrer Eltern, nach Salamis übersetzten. Voller Mitleid dachte man an die Bürger, die wegen ihres hohen Alters in der Stadt zurückblieben, und mit wehmütiger Rührung blickte man auf die zahmen Haustiere, die ihren Herren heulend und winselnd bis an die Schiffe nachliefen.« Dies alles, wie man nicht vergessen darf, angesichts einer feindlichen Übermacht, die man wohl furchterregend nennen muss. Aischylos, der in Salamis selbst mit dabei war, hat die exakten Zahlen überliefert: Xerxes gebot über 1207 Boote, denen die Athener, die auf griechischer Seite das mit Abstand größte Kontingent stellten, ganze 180 Schiffe entgegenzusetzen hatten. Eine Übermacht von fünf, vielleicht sogar von sechs zu eins: Das war die Ausgangslage für einen Sieg, der in der Geschichte bis heute ohne Beispiel ist.

So etwas gelesen zu haben, qualifiziert nicht unbedingt zur Mitarbeit am Projekt Weltethos. Es könnte aber doch bedenkenswert, vielleicht sogar nützlich sein, wenn man einen Überfall wie den vom 11. September erlebt hat und sich nun fragt, was man denn unternehmen soll, um Ähnliches in Zukunft zu verhindern. Es geht, um diesen altertümlichen Begriff zu verwenden, um Bürgertugend, um Mut und Folgerichtigkeit. Als er noch jünger war, warb Hartmut von Hentig für das Humanistische Gymnasium mit dem Argument, es müsse doch eine Schule geben, »in der der Mensch mehr zum Widerstand als zur Anpassung, mehr zur Einsicht als zur Information, mehr zum Absoluten als zum hier und jetzt Gültigen erzogen wird: mehr zu Antigone als zu Kreon«.

Seine angeborene Widerständigkeit hat das Humanistische Gymnasium den Machthabern zu allen Zeiten verdrießlich gemacht: dem Kaiser zum Beispiel, der sich, wie er sagte, junge Deutsche wünschte, keine jungen Griechen und Römer; dem Führer und Reichskanzler, der eine Jugend zäh wie Leder, schnell wie die Windhunde und hart wie Kruppstahl wollte; dem Generalsekretär und Staatsratsvorsitzenden, für den immer nur die Partei, die Partei, die Partei im Recht war und sonst nichts. Diktatoren und Autokraten haben mit der Antike noch nie etwas anfangen können, weil sie in den Schulen ihre eigenen Ansichten verbreiten wollten, verbindlich für den Rest der Welt. Um dem nicht aufzusitzen, lohnt die Beschäftigung mit den Griechen. Sie waren ein unerhört begabtes Volk; begabt nicht nur mit guten, sondern auch mit vielen fragwürdigen, bedenklichen und hässlichen Eigenschaften. Was sie hinterließen, wog insgesamt dann aber doch so schwer, dass die Römer dies

Erbe nicht griechische Kultur nannten, »sondern humanitas, allgemeine Menschenbildung«, wie es bei Werner Jäger heißt. Wenn dieser Anspruch nicht mehr gelten soll, weil etwas Besseres zur Hand ist, sollten diejenigen, die das behaupten, ihren Anspruch begründen. Nach PISA ist das allerdings nicht leicht.

Wer fördern will, muss früh beginnen

Die Schule der Nation ist die Grundschule

Lesen und Schreiben, die Grundrechenarten und das Verständnis für naturwissenschaftliche Phänomene, das waren die Fähigkeiten, die von der PISA-Studie erhoben und überprüft worden sind. Die Schüler, die an dem Test teilnahmen, waren fünfzehn Jahre alt, standen also am Ende ihrer Pflichtschulzeit. Was ihnen da an Fähigkeiten abverlangt wurde, hatte seine Wurzeln allerdings in einem viel früheren Lebensabschnitt: Die Kulturtechniken, das Schreiben, Lesen und Rechnen, sind das Pensum der Grundschule. Wenn überhaupt eine öffentliche Einrichtung, hätte demnach die Grundschule die kläglichen Ergebnisse zu verantworten. Diese an sich traurige Erkenntnis hat eine erfreuliche Folge gezeitigt: Zum ersten Mal in der Geschichte der Bundesrepublik Deutschland wenden sich die Bildungsexperten, die sich jahrzehntelang auf den oberen Rängen des Schulwesens herumgetrieben hatten, demonstrativ dem Parkett zu. Die kopflastige Diskussion ist auf den Füßen zu stehen gekommen, man ist bereit, vom Anfang her zu denken und alle Klagen über die mageren Kenntnisse und die kümmerlichen Leistungen der deutschen Schüler dort abzuladen, wo sie vermutlich ihren Ursprung hatten. Kein Wort ist in den jüngsten Mitteilungen der Kultusministerkonferenz häufiger zu lesen als der Begriff Grundschule.

Das war die Wendung ins Wesentliche, auf die man so lange gewartet hatte. Die Stimmführer der Debatte nahmen endlich zur Kenntnis, was Eltern aus Erfahrung schon immer gewusst oder jedenfalls geahnt hatten: dass sich das Sprachvermögen früh ausbildet und von allen Schlüsselkompetenzen die wichtigste ist. Wer gut und viel und gerne liest, ist meist auch sonst ein ordentlicher Schüler; gute Leistungen beim Lesen gingen beim PISA-Test auffällig oft mit guten Resultaten anderswo einher. Länder, die insgesamt gut abgeschnitten haben, »weisen den geringsten Anteil von Schülern auf, die angeben, nicht zum Vergnügen zu lesen«, stellt die Untersuchung fest. Wenn sich das Sprachfenster tatsächlich, wie so oft behauptet, zwischen dem fünften und dem achten Lebensjahr definitiv schließt, dann ist die frühe Jugend in jedem Fall die beste, vielleicht sogar die einzige Zeit, um eine Sprache wirklich gut und flüssig zu erlernen. Dass es danach viel schwerer ist, in der eigenen oder einer fremden Sprache heimisch zu werden und weiterzukommen, hat jeder wohl schon selbst erfahren. Die Muttersprache gibt die Regeln vor für alles Weitere: Wer sie gut und sicher beherrscht, wird sich auch mit der zweiten oder dritten Sprache leichter tun. Es geht so wie beim Fahrradfahren, das der Spätberufene zwar auch noch lernt, doch nie so leicht und sicher wie der Frühanfänger. Der Grund ist, dass das Fahrradfahren »eine kontraintuitive Bewegungskontrolle erfordert. Will man eine Linkskurve fahren, muss man zunächst nach rechts lenken. Dies bewirkt eine Neigung nach links, die dann unter Ausnutzung der Zentrifugalkraft durch Lenken nach links abgefangen wird«, so der Hirnforscher Wolf Singer. Auch wenn sie die komplizierte Dynamik durchschauen, gelingt es den Spätberufenen nur selten, die entsprechenden Bewegungsabläufe so zu koordinieren, dass aufgeschundene Knie vermieden werden.

Die Alternative heißt also: früh oder unzureichend, und das nicht nur beim Fahrradfahren, sondern auch beim Aneignen von Sprache. Was die Neuropsychologie und die Psycholinguistik über die Mechanismen des Spracherwerbs herausgefunden haben, sollte als Einladung verstanden werden, mit der Verwöhnpädagogik, wie sie von allerlei Wunderheilern zum Schaden der Kinder jahrzehntelang propagiert worden ist, endlich Schluss zu machen. Dass Kinder am Ende der ersten Grundschulklasse immer noch keine Sätze bilden können, ja nicht einmal wissen, was ein Satz ist, stellt eine Blamage für den Lehrer dar und ein Unrecht an den Schülern. Um in der Sprache etwas zu erreichen, muss man früh ansetzen. In Ländern mit allgemeiner Schulpflicht heißt das, sich auf die Zeit zu konzentrieren, in der die öffentliche Hand die Kinder zum ersten Mal zu fassen bekommt, auf die Grundschule also und den Kindergarten. Die meisten Versäumnisse, die durch PISA aufgedeckt worden sind, haben hier ihren Ursprung.

Leider ist die Grundschule für ihre wichtige Aufgabe schlecht gerüstet. Wie keine andere Schulart ist sie in die Bredouille geraten; sie leidet unter der Einmischung von außen. Ihr wird das Leben dadurch schwer gemacht, dass sich ein paar Zudringliche an ihrer Hauptaufgabe, der Erziehung, ungefragt beteiligen wollen. Die wichtigsten dieser unerwünschten Miterzieher sind die moderne Arbeitswelt, das moderne Verkehrswesen und die moderne Medienindustrie. Das Arbeitsleben, weil es, beginnend mit der Industrialisierung im 18. und 19. Jahrhundert, die ganztägige und außerhäusliche Berufstätigkeit zur Regel machte. Seitdem hatten sich die meisten Eltern zu entscheiden, welche Rolle ihnen lieber war, ob sie dem Erziehen oder der Arbeit Vorrang geben wollten; und nur die wenigsten waren dazu in der Lage, diese Entscheidung so zu treffen, dass keiner zu kurz kam, die Kinder nicht, die Eltern nicht und der Beruf auch nicht. Wenn sich der Wunsch nach Arbeit – oder besser: der Zwang zur Arbeit, denn viele Mütter haben keine Wahl – auch bei den Frauen durchsetzt, wird alles davon abhängen, ob es gelingt, Beruf und Familienarbeit unter einen Hut zu bringen. Wo das unmöglich oder schwierig ist, sind es die Kinder, die den Preis für die Unvereinbarkeit der beiden Lebenswelten zu bezahlen haben. Sie sind die schwächsten Glieder der Gesellschaft, und es sieht ganz so aus, als ob sie eben deshalb übergangen würden und der Fortschritt, der aus Müttern Arbeitskräfte macht, auf ihre Kosten vorankäme. In Deutschland ist Familienpolitik Frauenpolitik, nicht Politik für Kinder. Die Grundschule bekommt das als Erste zu spüren. Wenn die Kinder unkonzentriert, hungrig und übermüdet zum Unterricht erscheinen, weil es niemanden gibt, der mit ihnen spricht, der ihnen das Frühstück hinstellt und dafür sorgt, dass sie ausgeschlafen sind, hat sie das Nachsehen.

Der nächste in der Reihe dieser unerbetenen Miterzieher ist der Straßenverkehr. Man hat ihn die hohe Schule der Rücksichtslosigkeit genannt, wahrscheinlich zu Recht, denn ein Kind, das sich unter Lebensgefahr den Weg zur Schule gebahnt hat, braucht über die Grundregeln des Darwinismus nicht mehr belehrt zu werden. Es hat erfahren und erfährt auf seinem Schulweg täglich neu, was es mit den Formeln vom Kampf ums Dasein oder vom Überleben des Stärkeren auf sich hat, und es kann von Glück sagen, wenn es diese Lektion ohne Arm- und Rippenbrüche hinter sich bringt. Aber auch ohne dass Blut fließt, ist die Lehre klar. Da in Deutschland ein Autofahrer, der beim Parken den Bürgersteig versperrt, vom ADAC als rücksichtsvoller Verkehrsteilnehmer gelobt wird, lernt jedes Kind, dass die Regeln des zivilen Umgangs nur unter Gleichstarken gelten. Sie gelten von Autofahrer zu Autofahrer, von Autofahrer zu Fußgänger aber nicht. Und Schulkinder gehen in aller Regel nach wie vor zu Fuß.

Schließlich die Medien, allen voran das Fernsehen und das Internet. Sie sind für die Grundschule die härteste Konkurrenz, weil sie durch ihre pure Existenz, ganz unabhängig von irgendwelchen Programmen, die Kinder glauben machen, dass Lernen keine Anstrengung verlangt, weil alles ja sofort und ziemlich mühelos verfügbar ist. Eine Welt, die sich auf Tastendruck über Bilder, Listen und Programme wie von selbst erschließt, muss man nicht erst erobern. Die technisch genannte Intelligenz, vom Taschenrechner bis zum Notebook mit Internetzugang, provoziert Allmachtsphantasien und lädt dazu ein, sich selbst als Herrscher zu erleben. Dem ersten Missverständnis, dem von Josef Beuys, der gesagt hatte, jeder Mensch sei ein Künstler, schickt Bill Gates das zweite hinterher, jeder PC-Benutzer sei allwissend. Nimmt man die drei wichtigsten Miterzieher zusammen, dann hat man auch schon die drei Leitsätze beieinander, an denen die Schule herumlaboriert: 1. Lernen macht keine Mühe. 2. Gewalt ist erlaubt. 3. Regeln sind überflüssig. Gegen eine solche Trias lässt sich schwer anerziehen. Die alltäglichen Klagen über mangelnde Konzentrationsfähigkeit, brutale Schlägereien und die Verachtung von zivilen Umgangsformen geben eine Vorstellung davon, wie gut die Lehren bei der Jugend ankommen.

Aber der Grundschule sind ja nicht nur Aufgaben aus der Hand genommen worden, ihr wurden auch Aufgaben zugeschoben, auch diesmal gegen ihren Willen. Die größte und schwierigste ist die Ausländerintegration. Die Frage, ob die Grundschule dieser Herkulesarbeit gewachsen war und was man hätte tun müssen, um ihr eine Chance zu geben, mit der Integration fertig zu werden, ist im Ernst nie gestellt, geschweige denn beantwortet worden. In dieser Sache waren sich konservative und progressive, rechte und linke Kräfte einig. Die einen hielten an ihrem Dogma fest, dass Deutschland allem Augenschein zuwider kein Einwanderungsland sei, womit sich Maßnahmen zur dauerhaften Eingliederung der Zugewanderten erübrigten. Die anderen, die Multikulturalisten, witterten Deutschtümelei, wenn sie von Integration reden hörten, und weil ihnen jede Art von Tümelei gefährlich vorkam, musste sie bekämpft werden. Helfen konnten oder wollten beide nicht, und so blieb die Grundschule bei dem Versuch, Millionen von Kindern, die mit einer anderen Sprache aufgewachsen und in einer fremden Kultur zu Hause waren, in Deutschland heimisch werden zu lassen, auf sich allein gestellt.

Sie bekam es mit Vätern zu tun, die eine Frau als Klassenlehrerin nicht für voll nahmen, mit Mädchen, die sich vom gemeinsamen Turnunterricht aus Gründen der Schamhaftigkeit dispensieren lassen wollten, und mit Jungen, die bei der Klassenfahrt nicht mitmachten, weil es da Schweinefleisch zu essen gab. Verständigung war in manchen Grundschulklassen nur in der Gebärdensprache möglich, weil die Mehrheit der Klasse alles Mögliche sprach, nur eben kein Deutsch. Schulräten wurde angesonnen, einen Religionsunterricht zu kontrollieren, der in einer Sprache erteilt wurde, die sie nicht verstanden.

Kinder, denen zu Hause beigebracht worden war, dass die Blutrache zu den Ehrenpflichten des Mannes gehört, wurden zu Versuchspersonen für die Erziehung zur Gewaltlosigkeit ausersehen. An vielen Grundschulen wurde und wird absurdes Theater gespielt. Wer mit der Wirklichkeit einigermaßen vertraut war, konnte von dem, was PISA über die misslungene Ausländerintegration ergeben hat, nicht überrascht sein. Ernst gemacht hat man mit diesem Auftrag nur selten, am wenigsten in den rot oder grün regierten Ländern, die sich auf ihre Ausländerfreundlichkeit so viel zugute hielten. Während die »Schüler mit Migrationsgeschichte«, wie sie in der PISA-Studie heißen, in Bayern und Baden-Württemberg noch vergleichsweise gut abschneiden, fallen sie in Bremen, Schleswig-Holstein und Nordrhein-Westfalen im Verlauf der Schulzeit immer weiter zurück. »Mit Abstand die schwächsten Leistungen werden von Bremer Schülern mit Migrationshintergrund erzielt«, stellt PISA fest.

Dass eine Einrichtung, die unter so viel Druck geriet, schwach werden musste, war vorhersehbar. Doch warum ist die deutsche Schule, will man PISA glauben, mit diesen Belastungen so viel schlechter fertig geworden als die gleichen Einrichtungen im Ausland? Die Arbeitsgesellschaft, die Männer und Frauen aus dem Haus treibt, ist ja keine deutsche Erfindung, Autos gibt es in aller Welt, TV, PC, IT und wie die technischen Apparate sonst noch heißen, selbstverständlich auch. Länder wie England und Frankreich stehen bei der Ausländerintegration vor ähnlichen Problemen, lösen sie aber offenbar besser als die Deutschen. Was ist die Ursache dafür, was machen die Deutschen anders, schlechter also als die anderen? PISA gibt darauf keine Antworten, sondern allenfalls Hinweise. In Deutschland hat man sich angewöhnt, bei Schulreform an

Kennziffern und Systemindikatoren zu denken, an Stundentafeln, Leistungskontrollen, Übertrittsquoten, Auswahlmechanismen und was es sonst noch gibt. Das ist insoweit richtig, als nur dieser Teil der Schule dem Zugriff des Staates offen steht. Falsch ist es deshalb, weil es ja nicht die Vorschrift, der Erlass, das Schema ist, was zählt – das glauben nur Bürokraten –, sondern ihre Auswirkung in den Köpfen der Adressaten. Es macht einen Unterschied, ob man bei Leistung an Ermutigung und Ermunterung denkt oder an Druck, auf den man mit Verweigerung zu reagieren hat. Leistungsverachtung, Gleichgültigkeit und falsch verstandene Kinderfreundlichkeit dürften die letzten, empirisch allerdings kaum fassbaren Gründe für das Desinteresse am Lesen sein, das PISA so eindrucksvoll bestätigt hat. Und Lesen steht dabei für alles andere, für Neugier, Zielstrebigkeit und Durchhaltevermögen. Lesekompetenz ist Handlungskompetenz, denn Lesen trainiert nicht nur das Auffassungs- und Begriffsvermögen, es vermittelt auch Haltungen und Gewohnheiten, die im Leben weiterbringen.

Die ersten, die das angeht, sind die Eltern. Sie müssen dafür sorgen, dass ihre Kinder richtig essen, ausreichend Schlaf finden und sich oft genug bewegen; in allen diesen Dingen kann die Schule helfen, wirklich ersetzen kann sie nichts. Es bleibt beim Text des Grundgesetzes, wonach Erziehung eine private, keine staatliche Aufgabe ist. Die Lobbys, die nach flächendeckender Ganztagsbetreuung für Kinder von null bis sechzehn Jahren verlangen, sind entweder ahnungslos oder unverantwortlich oder beides. Niemand bestreitet, dass der öffentliche Bereich in Dingen der Erziehung heute weiter reicht und mehr umfasst als vor fünfzig Jahren. Mehr als je sind Eltern darauf angewiesen, dass sie beim Ausüben ihrer Rechte und der

Erfüllung ihrer Pflichten von Staat und Wirtschaft unterstützt werden. Man muss dann aber auch hinzufügen, dass sich die Grenzen, die der Fremdbetreuung gesetzt sind, nicht nach Belieben dehnen lassen. Die deutsche Arbeitsverwaltung trägt dem Rechnung, indem sie Mütter mit Kindern unter drei Jahren von der Vermittlung ausschließt, und die Franzosen tun das auch, wenn sie Familiengeld in voller Höhe nur an die Mütter zahlen, die in der ersten Zeit nach der Geburt zu Hause bleiben.

Für Kindergarten und Grundschule bleibt immer noch genug zu tun. Als eine erfahrene Grundschullehrerin von einem entgeisterten Vater gefragt wurde, ob es denn wirklich Aufgabe der Schule sei, den Kindern das Frühstücken, das Zähneputzen und die Grundregeln der Hygiene beizubringen, bekam er einen mitleidigen Blick zugeworfen und die Gegenfrage gestellt, ob er denn nicht wisse, wie viele Kinder Tage und ganze Wochen lang kein einziges Wort zu hören bekämen. Von selbst verstünde sich heute gar nichts mehr, die Schule müsse die Kinder ans Sprechen gewöhnen wie die Bundeswehr ihre Rekruten ans Gehen. Nicht die materielle Not, sondern die Wohlstandsverwahrlosung mit ihren tausend Gelegenheiten und Versuchungen sei zur größten Gefahr für die Kinder geworden. Seit PISA wissen das auch diejenigen, die den Kontakt zur Schule verloren hatten.

Kinder und Eltern, die Lehrer und die Schule insgesamt sind die großen Verlierer beim Aufbruch in die Moderne. Dass sie versuchen, eine Last, die ihnen selbst zu schwer wird, auf andere Schultern abzuladen, ist verständlich, macht aber niemanden zum Gewinner. Es gibt Eltern, die der Schule alles, sich selbst aber nichts mehr zumuten und die böse reagieren, wenn ihnen gesagt wird, dass die Erziehung zunächst einmal ihre Aufgabe sei.

Und es gibt Lehrer, die den Spieß umkehren und erklären, Lesen und Schreiben sollten die Kinder zu Hause lernen. Es gibt Wissenschaftler, die der Familie ansinnen, sich nach der Decke zu strecken und die Gebote des Arbeitmarktes zu erfüllen. Und es gibt Politiker, die alle diese Widersprüche und Zumutungen mit der Routineformel von der Vereinbarkeit zwischen Beruf und Familienarbeit überkleistern. Es sind ja meistens Kinderlose, die so reden, denn Kinderlosigkeit erleichtert die Karriere, auch in der Politik.

Die Zeiten, in denen sich die Wissenschaft für erziehungsfreie Räume und offene Curricula begeisterte, scheinen vorbei zu sein. Aber die Praxis hinkt nach, und es sind die Praktiker, die mit dem, was sie in der Ausbildung gelernt haben, den Schulbetrieb bestimmen. Die fixe Idee, dass Lernen ein Angriff auf die Kinderseele sei, hat auch jetzt noch ihre Anhänger. Sie schwärmen von einer neuen Lernkultur und meinen damit, dass sich die Schule nach den Bedürfnissen des Kindes zu richten habe, nicht umgekehrt. Solche Rezepte mögen auf Kinder passen, die Zeit hatten, ihre Vorlieben zu entwickeln, und die schon wissen, was sie wollen; in der Grundschule, wo alles noch im Fluss ist, wirken sie verheerend. »Subjektorientierung« zu einer Zeit, in der das Subjekt noch gar nicht fertig ist, benachteiligt gerade diejenigen, die Zuwendung am allernötigsten haben, die Kinder aus bildungsfernen Schichten. Sie müssen Desinteresse, Ahnungslosigkeit und Widerstände überwinden, wenn sie sich auf das Angebot der Schule einlassen und den Aufstieg durch Bildung wagen. Dann begeben sie sich in eine andere, in eine Gegenwelt, und sind dabei auf Hilfe angewiesen. »Das einzige Kapital, das diese Kinder von sich aus vermehren können, sind ihr Wissen und ihre Manieren; dafür brauchen sie aber eine Schule, in der der Lehrer nicht nur Moderator für selbstbestimmte Lernprozesse ist, sondern die Führung übernimmt und die entsprechende Orientierung vorgibt«, meint der Pädagoge Hermann Giesecke. »Gerade das sozial benachteiligte Kind bedarf, um sich aus diesem Status zu befreien, eines geradezu altmodischen, direkt angeleiteten, aber auch geduldigen und ermutigenden Unterrichts.«

PISA hat diesen Haupteinwand gegen die Kuschelpädagogik in manchen Einzelheiten bestätigt. Die eindrucksvollsten Beispiele für diese Art von staatlich geduldeter Verwahrlosung stammen aus den Ländern, die sich am lautesten zum Einsatz für die zu kurz Gekommenen, die Armen und die Ausländer bekennen. Wo die Unterschichtenpädagogik besonders früh und gründlich praktiziert wurde, sind die Abstände zwischen oben und unten im Verlauf der Schulzeit nicht etwa verkürzt worden, sondern gewachsen. Die Koppelung von sozialer Herkunft und Kompetenzerwerb sei in Nordrhein-Westfalen bedeutend enger als beispielsweise in Sachsen, heißt es zu diesem traurigen Kapitel in der PISA-Studie. Die Beharrlichkeit, mit der dies Resultat von vielen Bildungsplanwirtschaftlern übersehen oder geleugnet wird, hat etwas Entmutigendes an sich. Der internationale Vergleich, auf den sich das grüne Wahlprogramm beruft, hat eben gerade nicht gezeigt, dass die individuelle Förderung sowohl von leistungsschwachen als auch von leistungsstarken Schülern im gemeinsamen Lernverband besser gelingt als durch die frühzeitige Trennung der Kinder. So etwas zu behaupten, hat nicht nur die Alltagserfahrung gegen sich, sondern auch die Empirie, die Erfahrung der Wissenschaft. Dazu nur ein einziges Zitat: »Die in der öffentlichen Diskussion immer wieder aufgewärmte Behauptung, dass in begabungs- und leistungsheterogenen Schulklassen eine Divergenzminderung bei gleichzeitiger Schulleistungsförderung aller möglich sei, konnte nach den empirischen Befunden von Treiber & Weinert (1982, 1985) bei Hauptschülern sowie jenen von Baumert, Roeder, Sang und Schmitz (1986) bei Gymnasialschülern in über neunzig Prozent der untersuchten Klassen nicht bestätigt werden«, so der Psychologe Kurt A. Heller. Da er bekräftigt, was man ohnehin schon zu wissen meint, darf man ihm glauben.

Begründet wird die These von der Überlegenheit leistungsheterogener Lerngruppen mit der Chance, beim gemeinsamen Unterricht die Besseren als Lehrer für die Schwächeren zu beschäftigen. Die einen haben ein Vorbild, die anderen Verantwortung, heißt die schöne Theorie. Die ist nicht aus der Luft gegriffen, wie jeder weiß, der selbst einmal an einer Arbeitsgemeinschaft oder einem Tutorium teilgenommen hat. Heterogenität kann fruchtbar sein, und zwar für beide Seiten. Kinder lernen ja beileibe nicht nur von ihren Eltern, sondern auch Eltern von ihren Kindern, eine ganze Menge sogar; was sich bei Kinderlosen, wenn sie über Erziehung reden, unangenehm bemerkbar macht. Ihnen fehlt die Erziehung, die Kinder ihren Eltern angedeihen lassen. Leider ist Heterogenität für die Schulsozialpolitiker auf der Linken aber längst zum Fetisch geworden. Die Erben der 68er wollen Verschiedenheiten des Glaubens, der Bildung und der Herkunft keineswegs abbauen; sie sehen darin eine Bereicherung des Lebens, die im Interesse einer möglichst bunten Welt erhalten, nach Möglichkeit gesteigert werden müsse. Deswegen haben sie die Eingliederung und die Angleichung ausgerechnet da hintertrieben, wo sie am wichtigsten gewesen wäre, beim obligatorischen Sprachunterricht.

Die Folgen waren katastrophal, denn Bildungs-, Berufs- und Lebenschancen hängen nun einmal von der Beherrschung der Landessprache ab, und die ist in Deutschland das Deutsche. Daraus die Konsequenz zu ziehen, und die deutsche Sprache für alle schulpflichtigen Kinder verbindlich zu machen, riecht für die Multikulturellen aber schon nach Unterwerfung unter eine Leitkultur, also schlecht. So wie sie früher den Arbeitern ihren Soziolekt, die Sprache der Unterschicht, erhalten wollten, begeistern sie sich heute für irgendwelche fremden Sprachen und verteidigen das Recht auf Mehrsprachigkeit im Namen von Kindern, die schon mit einer einzigen Sprache nicht zurechtkommen. Die meisten Grünen betrachten es als Zumutung, von Einwanderern das Erlernen der deutschen Sprache zu verlangen. Noch kurz vor Erscheinen der PISA-Studie wurde auf einer Tagung der Heinrich-Böll-Stiftung die mehrsprachige Erziehung von Grund- und Vorschulkindern als Königsweg in die multikulturelle Zukunft angepriesen. Der Verdacht, dass ihre fortschrittliche Bildungspolitik repressive Sozialpolitik sein könnte, ist diesen Progressiven nie gekommen. Ihr Schönheitsideal ist immer noch die abgemähte Wiese, auf der alles Mögliche wachsen darf und wachsen soll; nur nicht zu hoch.

Das deutsche Schulwesen leidet weniger unter seinen falschen Strukturen als unter den Nachwirkungen eines pädagogischen Fortschritts, der keiner war. Nirgendwo sind die Ideen von 1968 so gründlich zum Zuge gekommen wie an den Schulen und den Universitäten des Landes; und nirgends sonst ist so viel zerstört worden. Kollegstufen und Orientierungsstufen, Einheitsnoten und Einheitslehrer, die rote, die grüne und die schwarze Pädagogik sind Hinterlassenschaften dieser Zeit; und wie die verbockten Reaktionen auf PISA zeigen, ist dieses Erbe längst noch nicht überwunden. Die Gläubigen wollen noch etwas weitermachen, und wenn sie Wissenschaftler sind, kann man sie daran nicht einmal hindern, weil Professoren leider nicht abwählbar sind. Zuhören muss man ihnen aber nicht, wenn sie die neuesten Erkenntnisse zum Besten geben, und glauben muss man ihnen schon gar nicht. Die Grundschule braucht keine weiteren Experimente, sondern die Konzentration aufs Wesentliche, und das sind auf dieser Altersstufe die Kulturtechniken.

Wenn es stimmt, dass jedes dritte oder vierte Grundschulkind sprachauffällig ist, also schlecht spricht, schlecht liest und noch schlechter schreibt, hat die Grundschule Arbeit genug. Für Ersatzhandlungen nach Art der Kultusminister, die auf die PISA-Studie mit dem Vorschlag reagierten, schon in der Grundschule mit dem Fremdsprachunterricht zu beginnen, bleibt da wenig Platz. Man hilft den Kindern, denen der leichte Rucksack zu schwer war, doch nicht dadurch auf die Beine, dass man noch etwas draufpackt. Wirksamer als solche Späße wäre wahrscheinlich der Entschluss, den freien Samstag zu kassieren (der eine Errungenschaft der Gewerkschaft ist, nicht der Kinder), mehr Zeit und Geld für Klassenfahrten aufzuwenden (die zur gesellschaftlichen Integration mehr beitragen als hundert Stunden Unterricht) und Ferienkurse für die Grundschulkinder einzurichten (weil sie in diesem Alter so leicht und schnell lernen wie später niemals wieder). Preise für die Lektüre guter Bücher, wie sie in Amerika das Programm »Earning by Learning« aussetzt, könnten ebenfalls helfen. Eine namenlose Grundschullehrerin in dem von Systemgläubigen und Spaßpädagogen besonders hart gebeutelten Land Nordrhein-Westfalen hat dazu alles Nötige gesagt: »Ich glaube«, meinte sie, »dass wir alle uns auf den Weg machen sollten, unsere Zukunft – denn Kinder sind unser Zukunft – nicht durch Programme und Maschinen bestimmen zu lassen: Wer wollte dort schon leben? Ich nicht, und deshalb werde ich nicht aufhören, um jedes einzelne Kind zu ringen.«

Der lästige Vormund

Erziehung kann auf Wissenschaft verzichten

Bei der Expansion des deutschen Bildungswesens, auf die sie so lange hingearbeitet hatten, sind die Pädagogen nicht leer ausgegangen. Damals wurden sie von Praktikern, die bloße Erfahrungen weitergaben, zu Wissenschaftlern mit Forschungs- und Lehrauftrag befördert. Das war für alle Beteiligten ein gutes Geschäft: Von jetzt an wurde auch der Volksschullehrer vollakademisch ausgebildet, der Schulmeister konnte es zum Professor bringen, die Pädagogischen Hochschulen, bislang Einrichtungen zweiten Ranges, wurden den Universitäten gleichgestellt oder eingegliedert. Nur konservativ regierte Länder wie Baden-Württemberg verweigerten den Fortschritt und hielten an ihren Pädagogischen Hochschulen als selbstständigen Einrichtungen fest. Sie sind für diese hinterwäldlerische Maßnahme kräftig gescholten worden. Heute liegen sie beim PISA-Test an der Spitze.

Glücklich geworden sind die Begünstigten, die Professoren für Erziehungswissenschaft, mit der Entwicklung trotzdem nicht. Einer von ihnen, der Pädagoge Hartmut von Hentig, sprach stellvertretend für die ganze Zunft, als er sich darüber beschwerte, dass die Status- und Reputationsgewinne seines Faches einigermaßen folgenlos geblieben seien für die erzieherische Praxis, den Alltag von Schülern und Lehrern. »Man möchte meinen, die Pädagogik habe die Praxis in der Hand wie die Medizin das Gesundheitswesen oder die Ingenieurswissenschaften die von ihnen abhängige technische Produktion«, schrieb er damals. Doch davon könne keine Rede sein. »Obwohl die Wissenschaft einschränkende oder verneinende Ergebnisse zu Wert und Wirkung der frühen Begabungsauslese, des Sitzenbleibens, der Hausaufgaben, der Geschlechtertrennung, der Zeiteinteilung unserer Stundenpläne, der körperlichen Züchtigung, der Klassenfrequenz von fünfunddreißig bis vierzig Kindern, der herrschenden Form der Lehrerbildung erbracht hat und fortwährend bestätigt und differenziert, bleibt es bei den Merkmalen unserer Schulen.« Das sei zwar menschlich, fuhr von Hentig fort, aber auch unwissenschaftlich. Um dann noch einmal seinen festen und tiefen Glauben an die Wissenschaft als Retterin aus allen pädagogischen Nöten zu bekennen: Als Einrichtung, »die ihre Entstehung der Wissenschaft verdankt, deren Leben wissenschaftlich ausgebildet, deren Curricula wissenschaftlich hergestellt, deren Maßverfahren selbst wissenschaftlich sind«, sei die Schule weit davon entfernt, sich wissenschaftlich zu verhalten. Arme Schule!

Oder lieber: arme Wissenschaft? Denn das, was da so steif und fest behauptet wird, ist ja beileibe keine ausgemachte Sache. Verdankt die Schule ihre Existenz, wie von Hentig sagt, der Wissenschaft? Sind Lehrer tatsächlich auch Forscher, sollen oder können Lehrpläne und ihre Beurteilungsverfahren höheren, also wissenschaftlichen Ansprüchen genügen? Wann und wo hätte sich das Erziehungsgeschäft, das Platon eine *tribé tis*, eine Sache der Erfahrung genannt hatte, in eine veritable Wissenschaft verwandelt? Und wenn es so gewesen sein sollte: Hat diese Verwandlung der Schule und dem Unterricht eher genutzt als geschadet? So zu fragen, ist nicht ganz unbegründet. Denn die von Hartmut von Hentig so hoch geschätzten Ergebnisse der Erziehungswissenschaft sind von der Schule ja durchaus nicht ignoriert, verkannt oder missachtet worden. Im Gegenteil sind sie fast gierig angewandt und praktiziert worden, und manchmal werden sie das heute noch. Was fehlte, waren Zeit und Ruhe. Denn wenn es endlich so weit war und die Erkenntnis praktisch wurde, war es die Wissenschaft, die zur Erprobung und Überprüfung keine Zeit ließ, weil sie mit irgendeinem neuen Fortschritt aufwartete, der den Fortschritt von gestern auffraß.

Wer die oben zitierte Beispielreihe durchgeht, wird wenige Ausnahmen von dieser Regel finden. Die Lehrerbildung und die Klassenstärke, der Stundenrhythmus und die Koedukation, die Hausaufgaben und das Sitzenbleiben, das Züchtigungsverbot und das Problem der Frühauslese: Zu jedem einzelnen Kapitel hatte die Erziehungswissenschaft alle paar Wochen irgendetwas Neues im Angebot. Und immer mit dem selbstgewissen Anspruch, irgendeinem ewigen Problem definitiv auf den Grund gekommen zu sein, irgendeine uralte Frage endgültig gelöst zu haben, so dass es mit der Schule jetzt erst richtig losgehen könne. Das jüngste Beispiel für diese Art von pädagogischem Schamanentum bietet der Hamburger Erziehungswissenschaftler Peter Struck, der seine »Lernwerkstatt« als Universalverschreibung für oder gegen alles und jedes anpreist.

An diesem Hin und Her wird sich so bald wohl auch nichts ändern, weil es die »Gesetze der Pädagogik«, von denen der Bildungsforscher Hellmut Becker allen Ernstes gesprochen hat, nicht gibt. Die Pädagogik tut nur so, als ob es sie gäbe; sie muss wohl auch so tun, um ihren Rang als Wissenschaft zu demonstrieren. Sie leidet darunter, dass die harte, objektive, unbestechliche Wirklichkeit, an der sich Ärzte, Ingenieure und ähnliche Berufe abarbeiten, im Umgang mit lebendigen Menschen nicht zu haben ist. Die Gesetzmäßigkeiten, auf die sie es abgesehen hat, lassen sich in der Pädagogik nur um den Preis formulieren, dass man vor Banalitäten keine Angst hat. Das, immerhin, haben die meisten Erziehungswissenschaftler geschafft. Dass eine Professorin für Hochschuldidaktik, die Dortmunderin Sigrid Metz-Göckel, ein ganzes Buch schreibt und sich auf die Ergebnisse jahrelanger Forschungstätigkeit beruft, um darauf aufmerksam zu machen, »dass das Lernen von bedeutungsvollen dem von sinnlosen Inhalten überlegen ist«, wäre in einem anderen Fach undenkbar. In der Didaktik muss man aber schon froh sein, wenn es nicht schlimmer kommt und es nur das Rad ist, das wieder einmal neu erfunden wird.

Diese wissenschaftlich aufgeputzte Pädagogik begleitet den Schulbetrieb mit einem lästigen Hintergrundgeräusch. Sie drängt sich mit viel Getöse und großen Gesten auf, will den Unterricht, das Tafelbild, den Overheadprojektor oder den Stuhlkreis immer wieder neu gestalten, und manchmal gelingt ihr das leider auch. Dann hat der Lehrer Pech gehabt. Es geht ja nicht überall so glimpflich ab wie beim Angriff der Wissenschaft auf die berufliche Bildung, das berühmte duale System, um das die Deutschen in aller Welt beneidet werden. Dieses System stand seinerzeit ganz oben auf der Abschussliste der Reformer; es sollte nicht etwa reformiert, es sollte ersatzlos abgeschafft werden. Einer der ersten großen Würfe der Progressiven, der Bildungsgesamtplan von 1973, erwähnte die Berufsschule als eigenständigen Zweig des Bildungswesens mit keinem Wort mehr. Nur der geschlossene Widerstand der Wirtschaft hat diese Radikalreform seinerzeit verhindert – glücklicherweise, denn inzwischen hat auch die Pädagogik umgedacht und preist das duale System in höchsten Tönen. Es sei nicht bloß ein Modell für die Zukunft, sondern die Zukunft schlechthin, meinte ein Spätbekehrter neulich in gewohntem Überschwang. Die Wahrheit liegt wie meistens in der Mitte. Aber die Mitte ist unspektakulär, und darum hat die Wissenschaft für sie nichts übrig.

Anderswo war der Widerstand schwächer und der Schaden dementsprechend größer. Die leere Menge und das Nullmorphem, die Legasthenie und die Dyskalkulie (Rechtschreibschwäche und Rechenschwäche), das Abitur ohne Fremdsprache, dafür jedoch mit Zusatzfächern wie Schwimmen oder Blechbearbeitung: Die Phantasie der Erziehungswissenschaft war grenzenlos. Und auch wenn ihre Marotten immer nur kurze Zeit in Umlauf waren, haben sie der Schule doch das Wichtigste genommen, was sie braucht, um ihrem Geschäft nachzugehen, die Ruhe und die Beharrlichkeit. Wissenschaft setzt auf Fortschritt und nimmt auf die Bedürfnisse der Schule, die von der Stetigkeit und von der Dauer lebt, nicht viel Rücksicht. Eine an sich vernünftige Sache wie die Oberstufenreform ist allein durch das Tempo, in dem die eine Neuerung die andere jagte, verdorben worden: wie zum Beweis dafür, dass man die Schule nicht nur durch den Mangel, sondern auch durch ein Übermaß an guten Absichten ruinieren kann.

Unter den tausend Beispielen für den wissenschaftlichen Modewechsel und seine fatalen Auswirkungen auf die Praxis verdient die Neufassung des Begabungsbegriffs, wie sie im Anschluss an die amerikanischen Behavioristen auch in Deutschland propagiert worden ist, besondere Beachtung. Nicht zufällig stellt Hartmut von

Hentig die Begabungsauslese an die Spitze seines endlosen Katalogs von theoretisch gebotenen Neuerungen, die in der Praxis nicht gut ankamen. Er stützt sich dabei auf den Sammelband, der auf Anregung des Deutschen Bildungsrates zustande kam und unter dem Titel *Begabung und Lernen* zu einem Standardwerk wurde, dem eine Generation von Lehrern und Schulaufsichtsbeamten ihr anthropologisches Weltbild verdankt. Obwohl die Botschaft des viele hundert Seiten starken Buches ziemlich simpel und kaum umstritten war – dass nämlich Begabung nicht nur eine Voraussetzung fürs Lernen, sondern auch Lernen eine Voraussetzung für Begabung ist –, hat der dynamische Begabungsbegriff die Vorstellungen über Aufbau und Funktion der Schule gründlich verändert. Heinrich Roth, der Herausgeber des Werkes, begleitete den Umbruch mit einem Aufsatz unter dem programmatischen Titel *Begabung und Begaben*. Dass er das (statische) Substantiv durch das (bewegliche) Zeitwort ersetze, wurde von Schülern und Studenten als Einladung verstanden, sich von anderen, von ihren Lehrern oder Professoren begaben zu lassen. Manche Kultusminister reden heute noch so, als müssten sie nach der Devise »Man ist nicht begabt, sondern wird begabt« mit Vorurteilen aufräumen und dem pädagogischen Fortschritt endlich Bahn brechen.

Als junger Wissenschaftler war Roth kurz nach Kriegsende in Amerika gewesen, hatte dort den Behaviorismus, der vom Erbe nichts, von der Umwelt dafür aber umso mehr hielt, kennen gelernt und war als überzeugter Anhänger dieser pädagogisch viel versprechenden Weltanschauung nach Deutschland zurückgekehrt. Das provokative Anerbieten des Schulgründers John Broaden Watson, aus einem Dutzend Kindern eines nach Zufall herauszugreifen und aus ihm einen Arzt, einen Anwalt, einen Künstler, einen Manager, einen Dieb oder einen Bettler zu machen, »ungeachtet seiner Talente, Vorlieben, Neigungen, Fähigkeiten, Anlagen und Herkunft« – diese maßlose Wette ist zwar noch niemals angenommen und bis zur letzten Konsequenz durchgespielt worden. Doch die Aussicht, alle durch Anlage und intellektuelle Mitgift gesetzten Schranken hinter sich lassen und aus den Kindern das zu machen, was ihnen gerade vorschwebte, war für die Pädagogen verführerisch. Sie vergaßen alle einschränkenden Bedingungen, die dem Begaben von Natur aus gesetzt sein könnten, und ließen als bestimmenden Faktor nur noch die Umwelt gelten, die pädagogisch zu gestalten Aufgabe von Bildungsforschern und Bildungsplanern war. Sie fühlten sich für das Schicksal der Welt verantwortlich und machten sich ungeduldig an die Arbeit. Als sie mit dieser Arbeit fertig waren, war das Licht der wissenschaftlichen Moden aber schon weitergezogen, der Fortschritt wieder einmal überholt. Inzwischen wird man komisch angesehen, wenn man statt von Begabung von Begaben spricht.

Aber das brauchte seine Zeit. Zunächst mal war kein Halten mehr, Begabungsunterschiede wurden nicht mehr anerkannt, wer sie vertrat, wurde exkommuniziert. Heinrich Roth hatte erklärt, noch sei der Streit über den relativen Anteil von Erbe und Umwelt nicht entschieden, doch könne über seinen Ausgang kein Zweifel mehr bestehen. Das wirkte stimulierend. Begabung nicht mehr als Kapital, das man einsetzte, sondern als bloße Option, die man ausüben oder verspielen konnte, das war der Kern der neuen Lehre, die von der Gesamtschulbewegung begeistert aufgegriffen wurde. Damit hatte die Diskussion über Erbe und Umwelt und deren relatives Gewicht ihr akademisches Herkunftsmilieu verlassen. Sie war den Politikern und den Journalisten, den Bürokraten und den Gewerkschaftern in die Hände gefallen, die aus der Wissenschaft das herauslasen, was sie schon immer geglaubt und gewollt hatten. Die Juso-Parole »Alle Schüler schaffen es« brachte die allgemeine Erwartung in ihre kürzeste Form.

Erstaunlich war das nicht, denn die Erbe-Umwelt-Forschung war schon immer ein Spielplatz für politische Propaganda. Sie bot sich dazu einfach deshalb an, weil ja, wenn ungefähr die Hälfte der Varianz genetisch bedingt ist, die andere Hälfte nicht-genetischen Ursprungs sein muss, also der Umwelt zuzuschreiben ist. Mit diesem einfachen Hinweis erklärte der Psychologe Franz Emanuel Weinert die Ideologieanfälligkeit der ganzen Forschungsrichtung. Und in der Tat haben sich Leute wie Watson und Skinner auf der einen, wie Jensen und Herrnstein auf der anderen Seite in ihren Publikationen immer wieder als Eiferer zu erkennen gegeben, die irgendwelchen Moden oder Strömungen folgten, mit Wissenschaft aber nicht viel im Sinn hatten. Roth selbst steht nicht viel besser da, denn seine »wissenschaftlichen« Überzeugungen änderten sich im Gleichklang mit dem Zeitgeist. Er wollte dem Fortschritt auf der Spur bleiben, und weil der gelegentlich die Richtung wechselte, wechselte auch Roth. In seinem frühen Standardwerk, der *Pädagogischen Psychologie des Lehrens und Lernens*, tritt Roth als Anwalt eben jener Frühauslese auf, die er später so heftig bekämpfen sollte: »Die Denkbegabung und das Denkbedürfnis«, heißt es da, »bricht im 10./11. Lebensjahr in so verschiedener Stärke durch, dass die Unterschiede im Grad der Allgemeinbegabung, wie sie sich in allen Schulfächern in gleicher Weise bestätigt, das Auffälligste sind, was man in diesem Alter beobachten kann. Die Unterschiede werden in diesem Alter so krass, dass die Trennung nach dem Grad der Begabung in irgendeiner Form unerlässlich ist. Kein Lehrer kann einem hochbegabten Elfjährigen, dessen Intelligenz schon voll erwacht ist, und gleichzeitig seinem Gegenspieler, dem nahezu hilfsschulbedürftigen Schwachbegabten, ohne organisatorische Sondermaßnahmen in gleicher Weise gerecht werden.« Ein eindrucksvolleres Plädoyer für die vierjährige Grundschule und ihre Konsequenz, die Trennung der Schüler im Alter von zehn oder elf Jahren, lässt sich kaum denken. Dennoch ist Roth in späteren Jahren zum bedingungslosen Verteidiger der Einheitsschule geworden, die ihren Überlegenheitsanspruch ja gerade darauf stützt, dass sie die Frühauslese vermeidet. Wie seine wissenschaftlichen Erkenntnisse mit seinem politischen Engagement zu vereinbaren waren, hat Roth selbst nie erklärt. In keiner der späteren Auflagen, die seine *Pädagogische Psychologie* erfahren hat, ist seine Frühauslese – freundliche Position überarbeitet oder auch nur erläutert worden. Offenbar stellte er selbst keine allzu hohen Ansprüche an die Stimmigkeit seiner Meinungen oder die Aufmerksamkeit seiner Leser.

Man darf die Pädagogik nicht zu ernst nehmen. Aufschlüsse im Streit zwischen Umwelt und Erbe samt allem, was sich an organisatorischen Folgerungen daraus ergeben mag, sollte man von ihr lieber nicht erwarten. Die Praktiker im pädagogischen Geschäft, die Lehrer und die Eltern, tun gut daran, sich von den starken Worten, mit denen diese Wissenschaft um Aufmerksamkeit wirbt, nicht allzu sehr beeindrucken zu lassen; abwarten genügt meistens schon, um zu erkennen, dass nicht viel dran ist. Die Wissenschaft kann Missstände aufdecken, und wenn sie das im Stil von PISA tut, soll man ihr dafür dankbar sein. Über das, was daraus zu lernen ist, befindet aber nicht sie, sondern die Öffentlichkeit, vertreten durch die Politik.

Fragt man danach, was die mit großem Aufwand und viel Polemik geführte Debatte um den Begabungsbegriff für den Schulalltag gebracht hat, bekommt man eine enttäuschende Antwort. Weinert, der schon erwähnte Psychologe, spricht von zwei Konsequenzen, einer optimistischen und einer pessimistischen. Hoffnungsvoll stimme ihn, dass die individuelle Lernfähigkeit des Einzelnen im Unterricht noch keineswegs ausgeschöpft sei. Das gelte für begabte Schüler ebenso wie für die schwachen; beide hätten mehr Förderung verdient und nötig. Dem steht seine ernüchternde Feststellung gegenüber, dass von allen Versuchen, Begabungs- und Leistungsunterschiede zwischen den Schülern aufzuheben oder deutlich zu verringern, nicht viel zu erwarten ist; Weinert nennt diese Unterschiede ausdrücklich stabil und fügt hinzu: »Wer am Anfang der Grundschule besser ist als andere, besitzt eine überzufällige Wahrscheinlichkeit, dass er oder sie eine ähnliche Position auch am Ende der Grundschule einnimmt. Leider gilt die gleiche Stabilität auch für die weniger leistungstüchtigen Kinder.« Die Abstände vergrößern sich, weil die Leistungskurven im Verlauf der späteren Kindheit und des Jugendalters beschleunigt auseinander driften; gelegentliche »Leistungsirritationen« könnten an diesem, aufs Ganze gesehen, stabilen Trend nichts ändern. Auch gut gemeinte Bemühungen, sich über die natürlich gezogenen Begabungsgrenzen hinwegzusetzen, würden auf Dauer nicht viel bringen, meint Weinert. Sie könnten sogar ins Gegenteil umschlagen, in Entmutigung bei den guten und Enttäuschung bei den schlechteren Schülern.

Wenn das so richtig ist, hätten die Erfinder des Mottos »Fördern statt Auslesen« eine schiefe Alternative formuliert. Das Hauptproblem besteht ja offenbar nicht in der Trennung der Schüler, sondern im Mangel an zielgerichteter Unterstützung. Alle verkommen auf ihre Weise, die ohnehin schon schwachen Schüler nur noch etwas schneller als die besseren. Dem beschämenden Ergebnis der PISA-Studie, wonach die starken und die schwachen Schüler in Deutschland nicht nur gemeinsam weit zurück, sondern auch unter sich besonders weit auseinander liegen, weiter als in jedem anderen Land der Welt, dürfte mit heterogenen Lerngruppen und offener Differenzierung nicht beizukommen sein. »Wenn ich zwanzig Aufgaben rechnen lasse, langweilen sich die Besten, der Durchschnitt kommt mit, und die Langsamen schreiben mir zuliebe irgendwelche Zahlen auf«, erzählt ein Mathematiklehrer über seine Erfahrungen mit der Heterogenität. In Deutschland bleiben alle Gruppen hinter ihren Möglichkeiten zurück, die guten Schüler allerdings nicht ganz so weit wie die schlechten. Wer das ändern will, muss mehr Hilfen bieten; ob das in homogen oder in heterogen zusammengesetzten Gruppen besser gelingt, ist eine technische Frage, kein pädagogisches Grundsatzproblem.

Die Professionalisierung des Lehrerberufs, die große Errungenschaft der pädagogischen Wende, hat den Lehrern viel, den Schülern aber nur wenig eingebracht. Damals ist Schulpolitik zur Verbandspolitik geworden, und weil die Verbände ihre Klientel, die organisierte Lehrerschaft, im Auge hatten, blieb für die Kinder nicht viel übrig. Ein gewerkschaftlich engagierter Lehrer hat die Technik, in der die Funktionäre ihre pädagogischen Forderungen vortrugen und wissenschaftlich begründeten, so beschrieben: »Arbeitsverkürzung wurde als Herabsetzung der Stundenzahl gefordert, weil dies eine bessere Vorbereitung ermöglichen sollte, nicht, weil man einfach mehr frei haben wollte. Kleinere Klassen sind nötig, weil die Kinder in ihnen mehr lernen können und nicht, weil in ihnen Disziplin und Korrekturen leichter zu bewältigen sind. Ein Zweifachstudium auch für Grund- und Hauptschullehrer wurde nötig, weil dadurch der Unterricht fachlich qualifizierter wird, nicht aber, weil dadurch die Gleichstellung von Volks- und Gymnasiallehrern leichter zu erreichen war. Ein zehntes Pflichtschuljahr wurde gefordert, weil auch die Hauptschüler eine bessere Bildung haben sollen, und nicht, weil dadurch mehr arbeitslose Lehrer eingestellt werden können. Zentralschulen auf dem Lande wurden gefordert, weil das die Chancengleichheit der Landkinder verbessern würde, und nicht, weil die Lehrer lieber in größeren Orten wohnen möchten.« Der Autor schließt mit einem vielsagenden »usw.«, denn die Liste ließe sich fast endlos fortsetzen. Die Fünftagewoche, die obligatorische Weiterbildung, die Annehmlichkeiten des Beamtenprivilegs: All das liegt zweifellos im Interesse der Lehrer, vielleicht auch noch in dem von manchen Eltern; in dem der meisten Schüler aber sicher nicht.

Die Kinder, und zwar alle Kinder, brauchen mehr Zuwendung, mehr Verständnis, mehr Unterstützung und mehr Sympathie: Das ist das Ende vom Lied. Es war auch schon der Anfang, und was dazwischen kam, klang auch nicht anders. Wer es ernst meint mit dieser Melodie, muss sich zunächst einmal an die Eltern halten, die natürlichen Anwälte ihrer Kinder. So will es die Verfassung, und die Erfahrung gibt ihr Recht. Die Masse der Fachleute, die Erziehungsberater, Sozialarbeiter, Gesprächstherapeuten, Sonderpädagogen und Bildungsforscher, die sich überall anbieten und aufdrängen, kommt erst viel später.

Am Beispiel seiner beiden Romanhelden Bouvard und Pécuchet hat Flaubert beschrieben, wie sich das Fachmenschentum auf die Pädagogik wirft und welchen Schaden es dabei anrichtet. Das Buch handelt von zwei Angestellten, die sich langweilen, nach Abwechslung suchen und auf die Idee kommen, Wissenschaftler zu werden. Eine Disziplin nach der anderen wird aufgegriffen, durchmustert und misshandelt, bis sie schließlich bei der Pädagogik landen. »Sie verschafften sich mehrere Werke über Erziehung und waren sich bald über den Weg klar, den sie einschlagen wollten«, schreibt Flaubert. »Jede metaphysische Idee sollte vermieden, stattdessen nach der natürlichen Entwicklung vorgegangen werden.« Das Vorbild Rousseaus, des großen Theoretikers, der mit seinen eigenen Kindern so wenig anfangen konnte, dass er sie ins Findelhaus gab, ist unverkennbar. An zwei Waisenkindern, Viktor und Viktorine, probieren die beiden ihre pädagogischen Rezepte aus. Sie wollen beweisen, dass die Freiheit als erzieherisches Prinzip mehr gilt und weiter führt als der Zwang. Als ihre Zöglinge die ihnen großzügig zugestandene Freiheit dazu nutzen, eine Katze in einen Topf mit Wasser zu setzen und bei lebendigem Leibe zu kochen, gestehen sich die beiden Tölpel ein, dass sie gescheitert sind. Mit der Pädagogik hatte ihr wissenschaftlicher Wahnsinn seine höchste und letzte Stufe erreicht. Danach bleibt ihnen nur, zu ihrer alten Tätigkeit zurückzukehren und abzuschreiben, wie früher.

Einer unter vielen

Weniger Staat, mehr Freiheit

Äußerlich betrachtet, hat sich der Staat, der deutsche zumindest, das Bildungswesen ziemlich vollständig unterworfen. Er gibt den Takt vor, nach dem die anderen tanzen müssen. Wer in Deutschland über Schulen, Berufsschulen, Volkshochschulen und Universitäten redet, denkt dabei unwillkürlich an den Staat. Dass der Schulbetrieb jahrhundertelang Sache der Kirchen gewesen ist, die übrigens auch an den meisten Universitäten den Ton angaben, ist weithin vergessen. Allgemein wird die Zuständigkeit der Behörden auch für diesen Teil des Lebens als ein Fortschritt empfunden, auf den man nicht verzichten will. Wo Bildung wie in Deutschland als eine öffentliche Angelegenheit betrachtet wird, verlangt sie nach dem Engagement des Staates.

In diese dominante Rolle ist der Staat erst ziemlich spät hineingewachsen. Das öffentliche Schulwesen ist ein Produkt des 18., das Abitur eine Erfindung des 19., der Ausbau der akademischen Bildungslandschaft zu einem dichten Netz von Lehr- und Lernanstalten ein Ereignis des 20. Jahrhunderts. Als die Entwicklung auf ihrem Höhepunkt war, vor etwa fünfzig Jahren, konnte Karl Jaspers unwidersprochen feststellen: »Die Universität besteht durch den Staat. Ihr Dasein ist politisch abhängig. Sie kann nur leben, wo und wie der Staat es will. Der Staat ermöglicht die Universität und schützt sie.«

Jaspers hätte dasselbe auch über die anderen Zweige und Blüten des deutschen Bildungswesens sagen können, es wäre genauso richtig gewesen. Und er ließ keinen Zweifel daran, dass er mit dem Prozess zufrieden war. Er sah im Staat den Garanten der Freiheit, und weil es Bildung ohne Freiheit nicht geben kann, war ihm der Staat willkommen.

Das war vor fünfzig Jahren. Inzwischen sieht es ganz so aus, als wäre der Scheitelpunkt der staatlichen Machtentfaltung auch hier, im Bildungswesen, überschritten. PISA ist ein Indiz dafür, dass der Staat mit den Aufgaben, die er da übernommen hat, nicht zurechtkommt. Die Kultusbürokratie, die Wilhelm von Humboldt aus guten Gründen draußen halten wollte, hat sich vorgedrängt und die Bildungsanstalten mit ihrem Denken, das immer nach der Vorschrift fragt, infiziert. Sie hat es hier wie überall gemacht und Einfälle produziert, die auf das Ideal der Einheit und Freiheit von Forschung und Lehre wenig Rücksicht nahmen. Gesetzliche Vorgaben, einheitliche Regeln und gerichtsfeste Entscheidungen haben die Schulen und die Hochschulen auf Linie gebracht. Mit der Ausnahme, dem Sonderfall, der Phantasie, dem Aus-der-Reihe-Tanzen, mit dem also, was die Wissenschaft reizvoll und lohnend macht, können Behörden nichts anfangen.

Spätestens in den siebziger Jahren kam es zum Exzess. An einem einzigen Tag gründete der Wissenschaftsminister von Nordrhein-Westfalen, Johannes Rau, vier neue Hochschulen. Bauämter und Planungsreferenten entwarfen die Superschule, einen Betonkomplex für dreitausend Kinder, mit Bibliothek und Kasino, Freizeitpark und audiovisuellem Verfügungszentrum. Die Schul- und Hochschulgesetze wurden immer länger, immer komplizierter, immer unverständlicher und immer häufiger geändert. Landesinstitute für die Erforschung und Entwicklung des Curriculums verfassten Rahmenrichtlinien für den Schulunterricht, die dann »verbindlich«, wie es amtlich hieß, erprobt werden mussten. Am Ende machten auch die Verleger mit und kündigten einen »Totalentwurf« des für die Gesellschaft Lehr- und Lernwürdigen an.

Es war die große Zeit der Bildungsplaner. Überall setzte sich der Staat an die Spitze und erwartete, dass ihm die mündigen Bürger dankbar folgten. Taten sie das nicht, weil sie über Sinn und Zweck der Erziehung ihre eigenen Ansichten hatten, bekamen sie die harte Hand der Obrigkeit zu spüren. Als sich in Münster eine Bürgerinitiative mit dem Ziel gebildet hatte, ihre alte Schule zu erhalten und die von der Landesregierung favorisierte Gesamtschule zu verhindern, fühlte sich der Innenminister des Landes zum Eingriff herausgefordert. Mit der originellen Begründung, sie verfolge ein offenkundig verfassungswidriges Ziel, wollte er die Initiative kurzerhand verbieten. Es bedurfte zweier Gerichtsverfahren, um den Minister daran zu erinnern, wo seine und des Staates Grenzen lagen.

Wer mit dem staatlichen Führungsanspruch nicht einverstanden war, hielt sich an die Privatschulen. In Deutschland ist ihr Anteil immer noch bescheiden; allenfalls sieben bis acht Prozent der Schulen werden privat geführt, ein Bruchteil dessen, was in Ländern wie England oder Frankreich üblich ist, zu schweigen von den Niederlanden, wo die privaten Schulen mit weitem Abstand in der Mehrheit sind. Offenbar haben sich diese Staaten vom Elternrecht und den damit verbundenen Pflichten eine höhere Meinung bewahrt als die Deutschen. Voraussetzung dafür, dass Eltern ihren Erziehungsauftrag wahrnehmen können, ist eine vielfältige Schullandschaft; und die garantiert ein gemischtes Angebot in unterschiedlicher Trägerschaft offenbar eher als ein Einheitsschulsystem nach skandinavischem Muster. Als Bildungsunternehmer hat der Staat den unvermeidlichen Nachteil, fast überall dasselbe anzubieten.

Wer in Deutschland sein Kind am Staat vorbei in eine Privatschule schicken will, muss sich auf einiges gefasst machen; denn die Entscheidung ist mit Opfern verbunden, mit Opfern an Zeit und Geld. Da Privatschulen weite Einzugsbereiche haben, müssen die Kinder – und das heißt meistens auch: die Eltern – lange Schulwege in Kauf nehmen. Und Schulgeld ist natürlich auch zu zahlen, meist in erschwinglicher, mitunter aber auch in abschreckender Höhe. So viel Einsatz wird den Eltern und den Kindern von Staats wegen schlecht entgolten: Eltern, die für ihre Kinder etwas Besonderes wollen, und Schulen, die ihnen das auch bieten, entsprechen eben nicht dem Ideal des gehorsamen Bürgers. Deswegen werden sie mit allerlei Anfragen und Auflagen daran erinnert, dass ihr Treiben von der Regierung nicht gern gesehen, im besten Fall geduldet wird. Der wichtigste Lehrsatz, den es in Deutschland zu lernen gibt – dass Selbstständigkeit unbeliebt und deshalb teuer ist – muss früh gelernt werden.

Die Rechtslage ist klar, mehr aber auch nicht. Das Bundesverfassungsgericht hat die vom Grundgesetz garantierte Privatschulfreiheit als Absage an ein staatliches Schulmonopol interpretiert und als eine Wertentscheidung beschrieben, »die eine Benachteiligung gleichwertiger Ersatzschulen allein wegen ihrer andersartigen Erziehungsformen und Inhalte« ausschließt. Der frühere Gerichts- und spätere Bundespräsident Roman Herzog

zog diese Linie weiter, als er die Deutschen vor dem alteingesessenen Irrtum warnte, das beste Bildungsangebot könne, ja müsse immerzu von ganz weit oben kommen. Umgekehrt sei es richtig, sagte Herzog: Ohne die Anregung und die Bereicherung durch die Privaten würde das öffentliche Schulwesen erstarren und verdorren. Man sieht, die Privatschule hat einflussreiche Freunde. Die Staatsschule aber auch; und leider sind ihre Freunde zahlreicher und offenbar mächtiger als die der Konkurrenz. Die Schulbehörden haben es in der Hand, ihren Konkurrenten loszuwerden und das berühmte Elternrecht insoweit leer laufen zu lassen. Der nach wie vor ungebrochenen Nachfrage nach Privatschulplätzen begegnen sie einfach dadurch, dass sie vom Genehmigungsrecht des Staates in ihrem Sinn Gebrauch machen. Ihr Schützling, die Staatsschule, ist durch ein dichtes und ziemlich lückenloses Angebot ja nicht nur faktisch im Vorteil, sondern auch juristisch. Die Schulbehörde beherrscht nicht nur den Markt, sie setzt auch die Bedingungen fest, unter denen Mitbewerber zugelassen oder abgewiesen werden. Beides zusammen hat sie in eine übermächtige Position gebracht, gegen die Privatinitiativen von Eltern und Lehrern nur mit Mühe ankommen.

Das Verfahren ist einfach. Da die Privaten, soweit sie den Status einer anerkannten Ersatzschule genießen, vom Staat als Entschädigung für den Beitrag, den sie zur Entlastung und Bereicherung des Unterrichtsangebots leisten, einen Beitrag zu ihren Personalkosten erhalten, hat die Verwaltung ein Druckmittel in der Hand. Um einer Privatschule Schwierigkeiten zu machen, braucht sie nur die Zuschüsse zu kürzen. Dann muss sich die Schule, um wirtschaftlich zu überleben, das Geld anderswo besorgen, was in der Regel auf eine Erhöhung des Schulgeldes hinausläuft, ohne das keine Privatschule auskommt. Wenn sie dabei eine im Einzelnen schwer zu bestimmende Grenze überschreitet, kann die Schulbehörde auf die Gefahr erkennen, dass die Schüler nach den Besitzverhältnissen ihrer Eltern gesondert werden. Und weil das von der Verfassung verboten worden ist, hat der Staat einen Anlass, die Schule zu schließen oder gar nicht erst zu genehmigen. Wenn er nur will, kann er die Zahl seiner Mitbewerber fast beliebig klein halten; und meistens will er, vor allem dann natürlich, wenn eine Partei die Schulpolitik bestimmt, die ohnehin der Ansicht ist, dass der Staat alles besser macht. Eine der ersten Sparmaßnahmen, auf die sich der von SPD und PDS gebildete Senat von Berlin verständigt hat, war die gemeinsam verkündete Absicht, den Privatschulen die Zuschüsse zu kürzen. Es war nicht das erste Mal, dass auf diese Art gespart werden soll, und wird auch nicht das letzte Mal gewesen sein.

Auf der Hochschulebene versucht der Staat über die Gebührenfrage zum Zuge zu kommen. Das kostenlose Erststudium, das sozialdemokratische Hochschulpolitiker sogar gesetzlich verankern wollen, ist ja nicht nur das Markenzeichen einer fortschrittlichen, weil angeblich sozialen Bildungspolitik, als das es so gern ausgegeben wird. Es ist zugleich ein Mittel, das staatliche Angebot jedenfalls finanziell attraktiv zu machen. Es braucht den Köder, denn dass die deutsche Universität in ihrem nachreformatorischen Zustand nicht mehr allzu viel zu bieten hat, wissen natürlich auch Studenten. Verrottet hat sie der Vorsitzende des Wissenschaftsrats, des obersten Planungsorgans für den Ausbau der Hochschulen, schon vor Jahren genannt, und wenn das auch eine Übertreibung war: falsch war es nicht. Keine Gebühren zu verlangen, ist eines der wenigen Argumente, mit denen sich die deutsche Universität im nationalen und internationalen Wettbewerb bemerkbar machen kann. Bei Leuten, die meinen, dass Bildung nichts kosten darf, wird sie damit auch Eindruck machen. Der Rest dürfte sich an den amerikanischen Slogan erinnern »If you think education is too expensive, try ignorance« und dahin gehen, wo das Studium gut, wenn auch nicht billig ist.

Der sozialdemokratisch inspirierte Versuch, Bildungspolitik als Angebotspolitik zu betreiben, die den Bedarf, den sie befriedigen will, zunächst einmal selbst hervorlockt, ist heute schon gescheitert. Bedauern muss man das nicht, weil die Begründung nicht mehr stimmt. Sozial war das kostenlose Studium ja nur so lange, wie der Aufstieg durch Bildung ein Wagnis war. In einer Zeit, in der es sich herumgesprochen hat, dass eine solide Ausbildung eine Investition darstellt, die sich auszahlt, wird man von Wagnis aber nicht mehr sprechen können. Deshalb muss neu gerechnet, neu begründet und neu entschieden werden. Es ist nicht einzusehen, was sozial daran sein soll, die Allgemeinheit für Vorteile bezahlen zu lassen, die zwar nicht vollständig, aber doch größtenteils privat genossen werden. Der Kampf um die Gebührenfreiheit hat mit Sozialpolitik wenig, mit Protektion und Subvention dagegen viel zu tun. Je länger er geht, desto schwerer wird es für den Staat, ihn zu gewinnen. Männer wie Peter Glotz oder Thomas Oppermann, der sozialdemokratische Wissenschaftsminister in Niedersachsen, haben ihn denn auch längst aufgegeben.

Den wichtigsten Anstoß für den Zulauf, den staatsferne Einrichtungen wie kirchliche Kindergärten, Landschulheime, Waldorfschulen und Privathochschulen finden, hat der Staat selbst gegeben. Die Menschen wollen der Anonymität und der Gleichgültigkeit entkommen, der sie im öffentlichen Bildungswesen ausgeliefert sind. Sie wollen nicht eingeteilt und zugewiesen werden, sondern sich selbst entscheiden. Wer einen privaten Kindergarten wählt, tut das, weil er sich eine Erziehung wünscht, die Zuneigung mit Konsequenz verbindet; eine Erwartung, die vor allem den kirchlichen Einrichtungen zugute kommt. Private Schulen leben davon, dass sie den Eltern sagen, wie ihr Kind aussehen soll, wenn es nach acht oder neun Jahren den Unterricht verlässt. Staatsschulen können oder wollen das nicht. Sie fühlen sich zur Neutralität verpflichtet und glauben, dies Gebot am besten dadurch zu erfüllen, dass sie auf das Bekenntnis zu Werten und Tugenden verzichten. Sie halten es mit Eugen Rosenstock-Hüssy, dem deutsch-amerikanischen Religionssoziologen, der den Schulen als Konsequenz aus den pädagogischen Irrwegen des totalitären Zeitalters empfohlen hatte, zunächst einmal auf jede Art von Menschenbild zu verzichten. Gerade das möchten Eltern aber vor Augen haben, sie wollen ihr Kind nicht auf irgendeine, sondern auf eine ganz bestimmte Schule schicken, weil sie in ihm nicht irgendeinen, sondern einen ganz bestimmten Menschen sehen. Sie fragen sich, woraufhin die Schüler erzogen werden sollen, und warten auf eine verbindliche Antwort. Private Schulen geben die; sie müssen etwas über ihr christlich, anthroposophisch, idealistisch oder sonstwie getöntes Menschenbild erzählen, weil ihnen sonst die Schüler fortlaufen. Die staatlichen müssen das keineswegs; sie verlassen sich auf Einzugsbereiche und Wohnortnähe und ihren Gönner, den Staat. Was die privaten Schulen längst schon haben, ein deutliches Profil, müssen die staatlichen erst noch entwickeln.

Abstand zum Staat heißt für die kirchlich geführten Schulen auch Abstand zum Wirtschaftsleben. Sie wehren sich gegen eine Zeitströmung, die alles Mögliche, die Politik, die Wissenschaft, den Sport, die Kunst und dann natürlich auch die Schule, den Gesetzen der Ökonomie ausliefern will. Eine Tagesordnung, die den Gegensatz von Arbeit und freier Zeit verblassen lässt, weil der Betrieb den vollen Einsatz rund um die Uhr verlangt, erscheint den katholischen und evangelischen Schulen wenig erstrebenswert. Sie bedauern, dass Urlaub, Freizeit und Unterhaltung kommerzialisiert worden sind und man auch im Privatbereich ständig mit der Frage konfrontiert wird: Was bringt es mir? Was habe ich davon? Was nutzt mir das? Nicht, dass die kirchlichen Schulen solche Fragen für unerlaubt hielten; sie bestehen aber darauf, dass sie nur einen Teil des Lebens erfassen, und nicht einmal den wichtigsten. Die Wirtschaft absolut zu setzen, wäre ein »Totalitarismus neuen Typs«, den diese Schulen für ebenso verhängnisvoll halten wie seine älteren, in Deutschland wohl bekannten Spielarten.

Es sind diese Unabhängigkeit und dieses Selbstvertrauen, welche die privaten Schulen den reformatorischen Exzess besser haben überstehen lassen als die staatlichen. Die Landschulheime haben an dem erzieherischen Wert von sozialen Aktivitäten wie Feuerwehr und Seenotrettung festgehalten, die Waldorfschulen haben der Theorielastigkeit der Rahmenrichtlinien ihr musisches Konzept entgegengesetzt; die kirchlichen Schulen haben an die haltenden und bindenden Kräfte der Religion erinnert und in schwierigen Zeiten den Glauben verteidigt. Mit alledem haben diese Schulen Generationen von Staatsschulgeschädigten eine Alternative geboten, die sie für das Leben tauglich machte. Auch deshalb wäre die Einschränkung der Privatschulfreiheit, »und sei es auch nur durch Entzug oder Minderung der öffentlichen Zuwendungen«, ein Signal, das auch solche Eltern aufstören müsste, die ihre Kinder auf staatliche Schulen schicken, so der Göttinger Staatsrechtslehrer Christian Starck. Tatsächlich wird, wer das Ansehen und die Funktionsfähigkeit der Staatsschulen erhöhen will, um das Beispiel der privaten nicht herumkommen. Das Land Sachsen hat das vorgemacht, als es seine Lehrer aus dem Korsett des Beamtenrechts befreite und zu Angestellten machte, die nach Leistung bezahlt werden. Seitdem läuft es in Sachsen besser.

Von den privaten Hochschulen lässt sich Ähnliches behaupten. Ihre Zahl hat kräftig zugenommen, eine vorläufige Übersicht kam Mitte des Jahres auf mindestens sechzehn. Sie stehen oder entstehen in Hamburg und Bremen, Leipzig und Bruchsal, Witten-Herdecke und Berlin, und obwohl sie Studiengebühren in amerikanischer Höhe verlangen, kommen sie offenbar gut voran. Schon äußerlich unterscheiden sie sich vorteilhaft von den Staatsbetrieben, die ihren Studenten vom ersten Tag an zu verstehen geben, dass die Universität von ihnen nichts Besonderes erwartet, weil das Studentsein ein Beruf wie jeder andere ist. Der Architekt, der die Universität Frankfurt/Main im Geist der Frankfurter Schule umgebaut hat, tat dies erklärtermaßen in der Absicht, Studenten und Professoren eine Arbeitnehmermentalität anzuerziehen. Die Bahnhofs- und Montagehallenarchitektur, die damals in Mode kam, lässt den Sinn für Formen, Inhalt jeder besseren Erziehung, gar nicht erst aufkommen. Nicht nur dem Rang nach, auch vom Äußeren her kann sich keine einzige deutsche Universität mit Plätzen wie Yale oder Cambridge vergleichen. Und leider liegen die Errungenschaften von 1968, allen voran das Konkubinat von schwacher Leitung und unverantwortlichen Gremien, der notwendigen Veränderung wie Betonklötze im Weg. Was fehlt, ist Sinn für Unterschiede. Der bildet sich beim Wettbewerb.

Die Obrigkeit muss endlich lernen, sich als Bildungsveranstalter zurückzuhalten. Sie kann den Aufgaben, die sie mit dem Betrieb von Schulen und Universitäten übernommen hat, nur dann gerecht werden, wenn sie als ein Veranstalter unter vielen auftritt. Nur wenn sie den Business und Law Schools etwas Eigenes entgegenzusetzen hat, wird sie deren Siegeslauf bremsen und den Ansehensverlust der Staatsanstalten aufhalten können. Mehr Bundeskompetenz in Bildungsdingen, wie sie der Kanzler als Antwort auf das PISA-Debakel verlangt hat, wäre die falsche Konsequenz. Man wagt ja kaum, sich vorzustellen, wie der Vergleichstest ausgefallen wäre, wenn sich die Reformbegeisterten vor dreißig Jahren bundeseinheitlich hätten durchsetzen können. Wahrscheinlich wäre dann das ganze Land auf dem Niveau von Bremen oder Berlin gelandet. Nur Vielfalt hat das deutsche Bildungswesen vor dieser flächendeckenden Blamage bewahrt.

Es genügt, wenn der Staat die Anforderungen definiert, denen Schüler und Studenten genügen sollen, und dafür sorgt, dass diese Standards auch beachtet werden; alles andere sollte Sache der Schulen und der Universitäten sein. Wenn bei diesem Rückzug aufs Wesentliche die eine oder andere Behörde oder Dienststelle fortfiele, wäre das kein Schaden; wenn ein ganzes Ministerium überflüssig würde, wäre das ein Glück. Viele dieser Einrichtungen sind ja Produkte der Reformzeit, tief imprägniert mit abenteuerlichen Hoffnungen, so dass Aussicht besteht, zusammen mit dem überspannten Etatismus auch die Folgen des missratenen Fortschritts loszuwerden. Leicht wird das aber nicht. Als Ronald Reagan Präsident der USA wurde, vor mehr als zwanzig Jahren also, berief er einen Bildungsminister zu dem Zweck, seine Behörde, die erst zwei Jahre zuvor neu eingerichtet worden war, wieder aufzulösen. Es gibt sie heute noch.

Eltern haften für ihre Kinder

Die Bedeutung der ersten Lebensjahre

Die ersten und wichtigsten Erzieher sind die Eltern. In einer langen Kette, die mit Erreichen der Volljährigkeit beileibe noch nicht zu Ende ist, bilden sie die ersten Glieder, von denen buchstäblich alles Weitere abhängt. Wer die Instanzen des Bildungs- und Erziehungswesens in aufsteigender Reihenfolge ordnen will, muss sie deshalb an letzter Stelle nennen. Andersherum sehen es nur die Professionellen, die Bildungsplaner und -forscher, die Eltern gern als ihre Handlanger und Zuarbeiter betrachten. Ein seinerzeit berühmter Pädagoge, der in Müttern und Vätern nur »Laien und Dilettanten« sah, sprach nur aus, was viele in seinem Fach denken, aber klugerweise für sich behalten. Wenn es nach ihnen ginge, sind Eltern an der Erziehung ihrer Kinder bloß mitbeteiligt oder mitzuständig, während die Hauptlast und die Letztverantwortung bei ihnen liegt, den Fachleuten. Leider wird diese Umdeutung des Verfassungsauftrags viel zu oft widerspruchslos hingenommen. Einer der Letzten, die den Anspruch der Fachpädagogen als Anmaßung betrachtet und fast schon wütend bekämpft haben, war Helmut Schelsky. *Anpassung oder Widerstand* hieß das Buch, in dem er sich gegen einen Zeitgeist wandte, »der gar nicht mehr danach fragt, wer eigentlich, sozial gesehen, der Erziehungsberechtigte und Erziehungsbeauftragende der Schulerziehung ist«. Eine oder zwei Generationen später ist diese Frage vergessen. Der Machtanspruch des Staates und das Selbstbewusstsein der Experten haben viele Eltern in die Defensive oder die Resignation getrieben. Sie fühlen sich unsicher, empfinden den Erziehungsauftrag als Last und werden in dieser abwegigen Meinung von der einschlägigen Ratgeber-Literatur auch noch bestärkt.

Wie sich das auf die Kinder auswirkt, dafür hat PISA einige Hinweise gegeben. Die »Laien und Dilettanten« sind zwar nicht unbedingt erfolgreicher, aber doch allemal einflussreicher als die Professionellen. Während sich die Schule schwer tut, herkunftsbedingte Handicaps auszugleichen, hat das Elternhaus wenig Mühe, sein Gewicht einzusetzen, so oder so, im Guten wie im Bösen. Je schlechter die Schule ist, desto wichtiger wird das Zuhause, und weil die deutsche Schule offenbar besonders schlecht ist, schlägt der soziale Hintergrund in Deutschland stärker durch als anderswo. PISA hat klargemacht, dass Eltern zwar die Versäumnisse der Schule kompensieren können, dass es der Schule aber umgekehrt nur schlecht gelingt, die Schwächen des Elternhauses wettzumachen. Wo die Schule in ihrer von Helmut Schelsky beschriebenen Funktion als bürokratische Zuteilungsapparatur von Lebenschancen versagt, tritt das Elternhaus in diese Rolle ein – wer sonst? Viel anderes bleibt ja auch nicht übrig.

Die Schulreform hat offenbar das Gegenteil von dem hervorgebracht, was sie sich vorgenommen hatte. Unter dem Vortritt der Chancenausgleichstheoretiker hat Deutschland den Weg zurück in jene vorreformatorischen Zeiten eingeschlagen, in denen nicht der Bildungsstand über das Fortkommen entschied, sondern die soziale Herkunft. Am Ende des großen Bildungsabenteuers steht die nicht ganz neue Erkenntnis, dass es beim Aufstieg an die Spitze nicht auf Zeugnisse und Titel ankommt, sondern auf Höflichkeit, gutes Benehmen und souveränes Auftreten – Eigenschaften, zu denen die Familie ungleich mehr beitragen kann als jede Schule. Offenbar erwirbt man das soziale Gespür, das es erlaubt, sich in allen möglichen Situationen zurechtzufinden, nur zu Hause. »School makes no difference«, auf Schule kommt es letztlich gar nicht an, hieß die resignierende Feststellung, mit der sich der Schwede Thorsten Husén, ein Vorkämpfer der Einheitsschulbewegung, von der Reform schließlich verabschiedet hat.

Was Eltern allen anderen voraushaben, die Voreingenommenheit für ihre Kinder, macht sie der Bildungslobby verdächtig. Diese Lobby hat einen linken und einen rechten Flügel, sie besteht aus den Anwälten der Chancengleichheit, die auf Proporz und Quote achten und glücklich sind, wenn die Statistik stimmt, und den Personalentwicklern, den Spezialisten für *human resources* und *human capital*, die im Menschen den Lehrling und im Lehrling die Maschine erkennen. Beide können mit Bildung wenig anfangen, umso mehr aber mit Projekten und Programmen, in denen Menschen nur noch als Material oder Rohstoff vorkommen. Ihr gemeinsamer Stammvater ist der Informatikprofessor Karl Steinbruch, der in einem seinerzeit einflussreichen Buch bekannt hatte, zwischen einem Lehrling und einem Automaten keinen großen Unterschied erkennen zu können: programmieren ließen sich doch beide. Dieter Hundt, der Präsident der Deutschen Arbeitgeberverbände, scheint das ähnlich zu sehen, wenn er empfiehlt, die Schüler »durchzuchecken« und einem »Bildungs-TÜV« zu unterwerfen. Die Schulen möchte er um so genannte Assessment Centers bereichern, in denen Bildungsdaten gespeichert, Bildungspläne entwickelt und Bildungspässe ausgestellt werden. Aus Sicht eines Unternehmers scheint der Unterschied zwischen Menschen und Maschinen tatsächlich nicht sehr groß zu sein.

Diese Leute, die Ingenieure vom rechten und vom linken Flügel, machen einen großen Fehler. Sie setzen voraus, was sie nicht garantieren können. Über die Umstände, unter denen die Jugend aufwächst, die ihnen später einmal als Lehrlinge, als Mitarbeiter oder als Führungsreserve dienen soll, machen sie sich keine Gedanken. Sie unterstellen einfach, dass es damit seine Ordnung hat, dass die Zehn Gebote und die Goldene Regel, die Metaphysik der Sitten und die Dialektik der Aufklärung irgendwie bekannt sind, vielleicht sogar beachtet werden. Und die Dümmeren unter ihnen glauben das immer noch. In ihrem Gesichtskreis taucht ein junger Mensch erst dann auf, wenn er zur Schule geht; ernst genommen wird er erst dann, wenn er sie wieder verlässt, weil er ja dann erst dem Arbeitsmarkt zur Verfügung steht. Der Hinweis darauf, dass es fürs Prinzipielle, für die Begründung von Anstand und Moral in diesem Alter zu spät ist, weil wichtige Entscheidungen längst gefallen sind, und die Empfehlung, im eigenen Interesse die Bedingungen, unter denen die nächste Generation groß wird, möglichst förderlich zu gestalten, löst bei vielen Unternehmern immer noch Staunen oder Abwehr aus. Sie glauben, dass Bildung eine Sache sei, die sie erst dann angeht, wenn sich die öffentliche Hand darum kümmert.

Vielleicht ändert sich das mit dem Umsichgreifen der einfachen Erkenntnis, dass Zukunft von der Jugend verkörpert wird, nicht von den Alten, und dass diese Zukunft nur dann erfreulich aussehen wird, wenn es genug arbeitsfähige und arbeitswillige Menschen gibt. Dass diese

Einsicht langsam Wirkung tut, bemerkt man an dem Tempo, mit dem sich die politischen Parteien von ihrer kinderfeindlichen Politik lossagen und sich für die »weichen« Themen Familie und Bildung begeistern. Was sie dazu gebracht hat, ist nicht unbedingt Einsicht oder Sympathie für Kinder, sondern Angst um die Zukunft des Sozialstaats. Der wird nämlich unbezahlbar, wenn die Leistungsfähigen das Land verlassen und die Mühseligen und Beladenen, die Klientel der Wohlfahrtspolitiker, allein zurückbleiben, verstärkt vielleicht um Zuwanderer aus den Elendsgebieten der Dritten Welt. Wenn das geschieht, ist die Zeit absehbar, in der die Alten die Alten versorgen, Senioren für Senioren arbeiten und die Toten ihre Toten begraben müssen. Diese Aussicht rückt näher und zwingt die Politik, etwas zu tun.

Die Frage ist nur, was. Die neue Familienbegeisterung ist schon deshalb verdächtig, weil sich unter ihren Herolden so viele Leute befinden, die sich persönlich ganz anders entschieden haben und fremder Leute Kinder meinen, wenn sie von »unseren« Kindern reden. Die Definition der CDU – »Familie ist da, wo Eltern und Kinder füreinander Verantwortung tragen« – ist nicht viel besser als die der SPD, die behauptet, Familie sei überall schon da, wo Kinder sind. Zu schweigen von den Grünen, die ihren Familienbegriff so weit fassen, das er auch homosexuelle Partnerschaften mit umfasst. Verantwortlichkeit ist ja keine angeborene, sondern eine erlernte Eigenschaft; und erlernt wird sie nicht irgendwo, sondern im Zusammenleben mit Menschen, die sich dafür entschieden haben, ihrerseits Verantwortung für andere zu übernehmen. In der Regel sind das die Eltern, beide Eltern. Fontane hatte von diesen Dingen noch eine klare Vorstellung. Erziehung, sagt er, sei Innensache, Sache des Hauses, Sache der Eltern. Das meiste und das Beste könne man nur aus ihrer Hand empfangen. »Aus ihrer Hand« sei freilich nicht der richtige Ausdruck: »Wie die Eltern sind, wie sie durch ihr bloßes Dasein auf uns wirken, das entscheidet.«

Es entscheidet wirklich. Die neue Hirnforschung hat dafür Beobachtungen von geradezu überwältigender Evidenz beigebracht. Wer als Erwachsener mit einem kleinen Kind schon einmal »Memory« gespielt hat, weiß aus Erfahrung, was für erstaunliche Leistungen das menschliche Gedächtnis schon in den allerersten Jahren vollbringt. Es ist eben nicht so, wie es die Behavioristen und viele Pädagogen gern hätten, der Mensch kommt nicht als Tabula rasa zur Welt, die dann nach Lust und Laune beschrieben und »programmiert« werden kann. Vielmehr ist das Gehirn von Geburt an ein überreich ausgestattetes und hochdifferenziertes Organ, das Reize keineswegs nur verarbeitet, sondern seinerseits auch sucht, provoziert und hervorbringt. Säuglinge sind keine passiven Reaktionsbündel, »sie beobachten ihre Umwelt und ihre Mitmenschen genau, machen Vorhersagen, ziehen Schlüsse und sind vielleicht sogar auf der Suche nach Erklärungen«, meinen die Mitarbeiter des Max-Planck-Instituts für psychologische Forschung in München. Der Präsident der Gesellschaft, der Biologe Hubert Markl, hat Babys einmal als geborene Lernstaubsauger bezeichnet, die alles Mögliche an sich ziehen und erlernen. Und wirklich ist es ja unmöglich, ein Kind vom Lernen abzuhalten, »denn selbst wenn man ihm Lernenswertes vorenthielte, lernt es eben dies«. So wie ein Kind noch in der schlechtesten Schule etwas mitbekommt – sich zu langweilen, die Schule zu schwänzen, die Eltern, die Lehrer, die Mitschüler zu drangsalieren –, wird es das Richtige nur dann lernen, wenn man ihm Anregung und Gelegenheit dazu verschafft.

Der alte Streit darüber, ob die ererbten oder die erworbenen Eigenschaften dominieren, ist einstweilen zur Ruhe gekommen. Er wurde nicht zugunsten dieser oder jener Seite entschieden, sondern auf eine höhere Ebene bugsiert und damit buchstäblich aufgehoben. Schon bei der Geburt verfügt der Mensch über eine Unzahl von Möglichkeiten, die dann im Weiteren geformt und aktiviert werden müssen. »Zwischen den vielen Milliarden Nervenzellen im Gehirn besteht ein Übermaß an Kontakten«, schreibt der Hirnforscher Ernst Pöppel. »Diese potenziellen Kontakte werden erst endgültig festgelegt, wenn sie durch Informationsverarbeitung benutzt und bestätigt werden. Die Prägung des Gehirns erfolgt in frühen Phasen der Biographie; was nicht genutzt wird, wird abgeschaltet. In dem Augenblick, in dem der Kontakt zwischen den Nervenzellen bestätigt worden ist, macht es keinen Sinn mehr, zwischen angeborenen und erworbenen Wissenskompetenzen zu unterscheiden.«

Die Schlüsselkompetenz ist hier wie überall die Sprache. Die Psycholinguistik, ein anderer Zweig der modernen, auf der Grenze zwischen den Geistes- und den Naturwissenschaften angesiedelten Anthropologie, hat Indizien dafür beigebracht, dass Kinder schon im Alter von wenigen Monaten Sprachsignale nach Mustern und Regeln voneinander unterscheiden können. Besonders leicht gelingt das, wenn die Stimme dem Kind vertraut ist und die gleichen Wortbruchstücke in kurzen Abständen möglichst häufig wiederholt: ein wissenschaftliches Plädoyer für die vielbelächelte Babysprache. Müttern und Vätern muss man so etwas nicht erklären, sie wissen das aus Erfahrung und handeln nach Gefühl. Die Gleichstellungs- und Familienpolitiker, die ein flächendeckendes Betreuungsangebot für Kinder von null bis sechzehn Jahren fordern, sollten sich allerdings fragen, in wessen Namen und zu wessen Gunsten sie so etwas verlangen. Der Spracherwerb beginnt mit der Geburt und dauert Jahre; was in dieser frühen und empfindlichen Zeit versäumt worden ist, lässt sich später nur noch mit großem Aufwand nachholen, wenn überhaupt. Denn die Hirnregionen, die fürs Sprechen und Verstehen nicht genutzt werden, übernehmen eine andere Aufgabe oder verkümmern.

Bestimmte Empfehlungen und präzise Anweisungen über das, was in welchem Alter durch wen zu geschehen hat, lassen sich aus solchen Erkenntnissen nicht herleiten. Ein sorgfältiger Mann wie der Hirnforscher Wolf Singer ist denn auch vorsichtig. Den Hinweis auf zeitlich gestaffelte, sensible Phasen für die Ausbildung der verschiedenen Hirnfunktionen verbindet er mit der vagen Forderung, das Rechte zur rechten Zeit verfügbar zu machen. Es sei nutzlos, vielleicht sogar schädlich, den Kindern etwas anzubieten, was sie nicht angemessen verarbeiten können, weil die entsprechenden Entwicklungsfenster noch nicht offen sind. Deswegen beschränkt er sich auf die Empfehlung, die Kinder zu beobachten, ihre Interessen zu verfolgen und darauf zu achten, wonach sie verlangen, »wodurch sie glücklich werden«, wie er sagt. Wer sollte das besser können und lieber wollen als die Eltern, zumal die Mutter, die natürliche »Dauerbezugsperson« des Kindes? Gleichgültigkeit hält Singer für genauso falsch wie übertriebenen Ehrgeiz: Entscheidend sei nicht, was die Eltern wollen, sondern was das Kind mitbringt und will. Man könne sich darauf verlassen, dass die jungen Hirne selbst am besten merken, was sie zu welcher

Zeit nötig haben. Interesse, Neugier und Wille, diese zentralen menschlichen Eigenschaften, über die man in der neueren pädagogischen Literatur so wenig findet, müssen von Anfang an geformt und angeleitet werden. Und immer wieder muss dem Kind Gelegenheit gegeben werden, seine Erfahrungen und Beobachtungen spielerisch zu erproben. Bloßes Zuschauen, sagt Singer, genügt nicht, »selbst machen ist entscheidend, weil nur dann der aktive Dialog mit der Umwelt einsetzen kann, der für die Optimierung von Entwicklungsprozessen unabdingbar ist«.

Die Forderung nach Ganztagsbetreuung für Kinder von null bis sechzehn Jahren ist etwas für Dienstleistungspolitiker und berufstätige Eltern; im Interesse der Kinder liegt sie in aller Regel nicht. Deswegen ist es vernünftig, daran festzuhalten, dass allein erziehende Mütter mit Kindern bis zu drei Jahren dem Arbeitsmarkt nicht zur Verfügung stehen, amtlich also auch nicht vermittelt werden dürfen. Nach allem, was man weiß, sind diese drei Jahre ja nicht nur, wie es im Wahlprogramm der Grünen heißt, für die Berufsperspektive der Frau von ausschlaggebender Bedeutung, sondern auch und wahrscheinlich noch viel mehr für das Schicksal, das Glück oder das Pech des Kindes. Die Sozialforschung hat bis zum Überdruss Daten gesammelt über die Zusammenhänge, die zwischen dem Bildungsweg des Kindes einerseits und dem Beruf, der Vorbildung und der gesellschaftlichen Stellung des Vaters auf der anderen Seite bestehen. Im Hinblick auf die Mutter ist das so gut wie nie geschehen; und das, obwohl es doch die Mutter ist, die das Sprachvermögen und das Bildungsverhalten der Kinder viel gründlicher beeinflusst als der Vater, der früh das Haus verlässt und spät zurückkehrt. Erzählen, Fragen stellen und beantworten werden die Kinder doch nur dann, wenn sie mit frischen Eindrücken aus der Schule nach Hause kommen. Wenn dann niemand da ist, der ihnen zuhört und mit ihnen spricht, bleiben sie mit sich und ihren Erlebnissen allein.

Was die Parteien gern als »Politik für Kinder« bezeichnen, ist Politik für Eltern, die berufstätig sind oder sein wollen. Die Ganztagsbetreuung, die Gerhard Schröder vorantreiben will, ist ein Geschenk an sie und an die Arbeitswelt; ob er den Kindern dient, weiß man nicht so genau und will man wohl auch gar nicht wissen. Die meisten Kinderärzte raten ab; zumindest in den ersten Lebensjahren sei die Nähe zur Mutter durch nichts und niemanden zu ersetzen. Je älter die Kinder werden, desto mehr profitieren sie von den Anregungen, die jeder gute Kindergarten bietet. Der Staat sollte hier Angebote machen und fördern, doch die Entscheidung darüber, ob und wann und in welchem Umfang sie genutzt werden, den Eltern überlassen. Das bekannte ökonomische Gesetz, nach dem sich jedes Angebot seine Nachfrage schafft, gilt ja auch für die Kinderbetreuung. Wenn die Regierung wirklich Wahlfreiheit gewährleisten will, ist der flächendeckende Ausbau des Betreuungswesens, wie er von den Grünen und der SPD versprochen wird, nur die eine Bedingung. Die andere ist Geld. Nur wenn der vorübergehende Verzicht auf den Beruf nicht mit starken und dauerhaften Einbußen erkauft werden muss, sind Eltern in ihrer Entscheidung wirklich frei. Die Möglichkeit, das Angebot auch auszuschlagen, ohne finanziell ins Bodenlose zu stürzen, gehört deswegen unbedingt dazu. Die Arbeitgeber sollten sich an diesem Angebot beteiligen und durch großzügige Freistellungs- oder Urlaubsregelungen den jungen Eltern ihre Entscheidung leichter machen. Es zahlt sich aus.

Wenn die PISA-Studie feststellt, dass Kinder, die eine »diskontinuierliche Elternschaft« erlebt haben – Waisen, Halbwaisen oder Scheidungswaisen also – in ihrer Entwicklung und Leistungsfähigkeit besonders stark gefährdet sind, verlangt das nach einer Antwort oder besser gesagt: nach zwei ganz verschiedenen Antworten. Auf der einen Seite muss der Staat diesen Kindern helfen, mit den Schwierigkeiten, unter denen sie heranwachsen, so gut es geht fertig zu werden. Das hieße: mehr Kindergartenplätze und höhere Zuwendungen für die unvollständige Familie. Er sollte seine Unterstützung aber nicht so weit treiben, dass die diskontinuierliche Elternschaft attraktiver wird, als sie es mit Rücksicht auf die Kinder, die ewigen Verlierer in diesem Spiel, sein darf. Das Dilemma aller Sozialpolitik – zu vermeiden, dass die Ausnahme durch Förderung zur Regel wird und das Normale schließlich anormal erscheint – zeigt sich auch hier. Wenn die vollständige Familie für Kinder das Beste ist, sollte der Staat darauf hinwirken, dass die vollständige Familie überleben kann. Das wäre nicht nur besser für die Gesellschaft, sondern auch billiger für den Staat. »Wenn man nachbessern muss, nachdem das Kind in den Brunnen gefallen ist, ist es wesentlich teurer, als wenn man versucht, die Probleme frühzeitig anzugehen«, sagt der für PISA verantwortliche Jürgen Baumert. Jede Art von Sonderpädagogik verlangt ein Vielfaches von dem, was die normale Schule kostet, und führt doch nur ganz selten zum Erfolg. Der Staat tut also allen, den Kindern, den Bürgern und sich selbst einen Gefallen, wenn er die Eltern, die das wollen, dabei unterstützt, für ihre Kinder da zu sein. Die meisten Eltern wollen das ja auch.

Aber der Staat soll doch Neutralität wahren, die Bürger also selbst darüber entscheiden lassen, wie sie leben wollen, heißt der Einwurf, mit dem man spätestens jetzt zu rechnen hat. Das soll er in der Tat; er tut es aber nicht, der Vorwurf geht an seinen Urheber zurück. Wenn er die Kinderlosen besser stellt als Kinderreiche, wenn ihm die Erwerbstätigkeit lieber ist als Familienarbeit, wenn er die Frauen fördert und die Mütter sich selbst überlässt, verhält er sich parteiisch, und wie! Die Folgen dieser staatlich betriebenen Willkürpolitik zu Lasten der Familie sind vom Bundesverfassungsgericht mehr als einmal bemängelt, aber bis heute nicht beseitigt worden. Zehn Jahre nach dem Urteil in der Sache Rosa Rees, einer Mutter von acht Kindern, deren Altersrente nicht einmal Sozialhilfeniveau erreichte, ist die Forderung des Gerichts, mit jedem einzelnen Reformschritt die massive Benachteiligung der Familie abzubauen, immer noch nicht erfüllt. Weitgehend unabhängig von der Frage, welche Partei regiert, nimmt der Wohlfahrtsstaat Partei gegen die Kinder und gegen jene Mütter, die das Erziehen ihrer Kinder für die anspruchsvollere und dankbarere Aufgabe halten als den Dienst im Büro. Neutral wäre er erst dann, wenn er Bedingungen schüfe, unter denen die Eltern ohne die Angst, an den Rand der Gesellschaft zu geraten, frei darüber entscheiden könnten, wer von ihnen wann und wie lange für die Kinder da sein soll, ob sie das selbst tun möchten oder lieber auf die Dienste einer Zugehfrau, einer Tagesmutter, eines Kindergartens, einer Vorschule oder was auch immer zurückgreifen wollen. Um diese Wahlmöglichkeiten tatsächlich auszuüben, müssten sie finanziell besser gestellt werden, denn Geld ist nun einmal ausgemünzte Freiheit. Die einzige Möglichkeit in einer durch und durch materiell gesinnten Gesellschaft, Anerkennung auszusprechen, ist es übrigens auch.

Für die Bedürftigen heißt Besserstellung: Subventionierung durch Kindergeld und andere direkte Zuwendungen der öffentlichen Hand wie etwa Wohngeld, Bafög und dergleichen. Für alle anderen verlangt es nach Freibeträgen bei der Steuer und Beitragsermäßigung in allen Zweigen der sozial genannten Zwangsversicherung. Es sind nicht nur steuersystematische Gründe, die für eine solche Lösung sprechen, sondern auch psychologische Erwägungen. Da sich der Kinderreichtum sehr ungleich über die sozialen Schichten verteilt, hätte eine kinderfreundliche Politik den Frauen mit hohem Bildungsabschluss und in anspruchsvoller Position den Mut zum Kind zurückzugeben; heute sind und bleiben an die vierzig Prozent dieser Gruppe kinderlos. Sie haben am meisten zu verlieren und scheinen deshalb am ehesten auf Nachwuchs zu verzichten. Will der Staat auch in dieser Hinsicht, also nicht nur bei Beruf und Einkommen, sondern auch im Privatbereich das revidierte Grundgesetz erfüllen und auf tatsächliche Gleichstellung hinwirken, muss er den Frauen, die mehr aufgeben, auch mehr bieten. Das einheitliche Kindergeld bringt diesen Müttern wenig oder nichts, sie müssen über einen Freibetrag entlastet werden. Vor die Entscheidung gestellt, ob sie für ein Kind ihren Berufsweg unterbrechen oder sogar aufgeben soll, wird eine solche Frau sich selbst doch nicht mit irgendeiner anderen vergleichen, sondern den eigenen Status vor der Geburt mit den Verhältnissen danach. Sie überschlägt, was sie vorher und nachher zur Verfügung hat, und je größer der Abstand ist, desto schwieriger, weil nämlich verlustreicher wird die Entscheidung für das Kind. Wenn überhaupt, ist ein Ausgleich, ein ungefährer Ausgleich nur über den Freibetrag möglich, der die überproportionale Entlastung schafft, auf die es bei Frauen in den höheren Einkommens- und Berufsklassen nun einmal ankommt. Wenn das Kinderhaben nicht zum fragwürdigen Privileg von Leuten werden soll, die bedürftig genug sind, um am Kindergeld zu verdienen, wird man um den steuerlichen Freibetrag nicht herumkommen.

Nach deutschem Recht ist die Erziehung der Kinder Privatsache, Sache der Eltern. Daraus spricht weder Abneigung noch Misstrauen gegen den Staat, sondern die Erfahrung, dass dessen Zwecke am besten dort erreicht werden, wo er den Bürgern erlaubt, ihren eigenen Zwecken nachzugehen. Beim PISA-Vergleich haben diejenigen Bundesländer besonders gut abgeschnitten, die mit ihrem Angebot an Krippenplätzen weit unter dem Durchschnitt liegen. In Bayern und Baden-Württemberg, wo die Fünfzehnjährigen die besten Schulleistungen gezeigt haben, gibt es die wenigsten Einrichtungen zur Ganztagsbetreuung von kleinen Kindern. Wie umgekehrt die Stadtstaaten Hamburg, Berlin und Bremen, die beim PISA-Test weit zurücklagen, mit ihrem Angebot von Ganztagsplätzen für Kinder im Vorschulalter die Spitze halten. Das ist zwar kein Beweis – Beweise lassen sich statistisch niemals führen –, aber ein Signal, auf das jeder, der Politik für Kinder machen will, zu achten hätte. Die Gleichgültigkeit, mit der man sich in Deutschland über alle Einwände gegen die Krippenbetreuung hinwegsetzt, ist ein trauriges Indiz dafür, dass sich an der Kinderfeindlichkeit der Wohlstandsgesellschaft noch nicht allzu viel geändert hat.

Das Krippenwesen hat sich nirgendwo bewährt, weder im Sozialismus noch im Nationalsozialismus, wo mit dem »Lebensborn« ja ebenfalls der Versuch gemacht worden war, die Mutter möglichst früh durch den Staat zu ersetzen. Bevor sich die Deutschen auf ein neues Großexperiment in Sachen Kindererziehung einlassen, sollten sie sich klar darüber werden, dass der Ganztagsbetrieb eine Sache für ältere Kinder ist. In der reformierten Oberstufe mit ihren Neun- oder Zehnstundentagen ist er schon heute Wirklichkeit, die Kultusminister haben es nur noch nicht gemerkt, und die Finanzminister wollen sparen wie immer. Deswegen fehlt es an den Voraussetzungen, die einen Ganztagsbetrieb erst zumutbar machen, es fehlt an Mensen, Ruhezonen und Arbeitsräumen für die Kinder. Hier, bei der menschenwürdigen Ausgestaltung der faktisch längst bestehenden Ganztagsoberstufe, hat die Bundesrepublik einen Nachholbedarf, nicht beim Ausbau des Krippenwesens.

Giftkelche oder Honigkelche?

Schlussbetrachtung

Als Antipater, schreibt Jean Paul in seiner »Erziehlehre« mit dem Titel *Levana*: »Als Antipater von den Spartanern fünfzig Kinder als Geiseln begehrte: so boten sie ihm an deren Statt hundert vornehme Männer an, ungleich den gewöhnlichen Erziehern, welche gerade das Opfer umkehren. Die Spartaner dachten recht und groß. In der Kinderwelt steht die ganze Nachwelt vor uns, in die wir, wie Moses ins gelobte Land, nur schauen, nicht kommen.« Er fährt dann fort: »Gäb' es eine vollendete und allmächtige Erziehkunst und eine Einigkeit der Erzieher mit sich und mit Erziehern: so stände – da jede Kinderwelt die Weltgeschichte von neuem anfängt – die nächste und durch diese die fernere Zukunft, in welche wir jetzo so wenig sehen und greifen können, viel schöner in unserer Gewalt. Denn womit wir sonst noch auf die Welt – mit Taten und Büchern – wirken können, dies findet immer schon eine bestimmte und erhärtete und schon unsersgleichen; nur aber mit dem Erziehen säen wir auf einen reinen weichen Boden entweder Gift- oder Honigkelche; und wie die Götter zu den ersten Menschen, so steigen wir zu den Kleinen herab und ziehen sie groß oder – klein.«

Das Gegenstück zu dieser Episode findet sich in Flauberts Roman *Salambo*. Dort wird geschildert, wie die von ihren Feinden schwer bedrängten Karthager den Moloch, ihren Kriegsgott, freundlich stimmen, indem sie ihm das Liebste opfern, was sie haben. Und weil ihnen die Kinder das Liebste sind, opfern sie die. Flaubert beschreibt, wie gegen Ende eines großen Opferfestes, in dessen Verlauf die Gaben immer üppiger und kostbarer werden, ein alter Mann ein Kind vor sich hertreibt, das gleich darauf im feurigen Bauch der riesigen Bildsäule verschwindet. Dem ersten folgen immer weitere. »Die Kinder«, schreibt Flaubert, »wurden langsam emporgehoben, und da der Rauch des Opferfeuers in hohen Wirbeln aufstieg, schienen sie für die Fernstehenden in einer Wolke zu verschwinden. Keines von ihnen regte sich. Sie waren an Händen und Füssen gefesselt, und dunkle Tücher, die ihnen über den Kopf gebunden waren, hinderten sie zu sehen oder erkannt zu werden.« Die Anonymität, das wussten die Karthager ebenso gut wie die Sozialpolitiker von heute, macht es leichter, grausam zu sein.

Bei solchen altmodischen Riten halten sich die heutigen Generationen nicht lange auf. Sie haben nicht mehr viel, was zu bewahren oder was zu opfern lohnen würde, denn wenn sie klug waren, haben sie auf Kinder verzichtet. Kinder sind nichts, was man beschützen oder sich vom Herzen reißen müsste; sie gelten als störend bei der Suche nach Glück, das man im Beruf, im Zweitwagen oder im Dritthaus findet, aber nicht im Zusammensein mit Kindern. Das Generationenprojekt, das von den fortschrittlichen Kräften vorgelebt und von den nicht ganz so fortschrittlichen immerhin nachgelebt wird, verwirklicht sich als der Versuch einer einzigen Generation, sich auf Kosten der nächsten ein schönes Leben zu machen. Abgesehen von den Repräsentanten des Ancien Régime am Hofe Ludwig XVI. dürfte es noch nie eine Generation gegeben haben, die so bedenkenlos wie die jetzt herrschende alles, was nach ihr kommen könnte, in den Dienst ihrer eigenen Ambitionen stellt. Ihr Vehikel ist eine Art von Umverteilung, die der jetzt lebenden Generation dadurch zu Diensten ist, dass sie die kommenden Generationen ausplündert. Denn wenn der Staat sich überschuldet und sich die Alten von den Jüngeren aushalten lassen, ist das nichts anderes als Ausbeutung der Zukunft.

Strukturell rücksichtslos hat man die Haltung genannt, in der Staat und Gesellschaft ihren jüngeren Mitgliedern begegnen. Belege dafür findet man überall, im Steuerrecht, in der Sozialpolitik, im Verkehrswesen, im Familienleistungsausgleich; und in den Hochschulen und Schulen natürlich auch. Mit dem Seniorenstudium dringt der Ruheständler als postmoderne Leitfigur in eine der letzten Bastionen der Jugend vor, in die Hörsäle der Universitäten, und dort natürlich in die ersten Reihen. Inzwischen gibt es etliche Lehrveranstaltungen, in denen die Rentner und Pensionäre den Ton angeben, Philosophie und Kunstgeschichte sind die beliebtesten von ihnen. An den Schulen garantieren Gewerkschaften und Berufsverbände, dass die Interessen der Lehrer nicht zu kurz kommen. Wann Unterricht beginnt und wann er endet, ob er den freien Samstag einschließt oder nicht, wie man den Stundenausfall, eines der größten Ärgernisse im aktuellen Schulbetrieb, vermeidet und ob Fehlstunden nachgeholt werden: Solche und ähnliche Fragen werden im Interesse von allen möglichen Berufsgruppen entschieden, nur nicht mit Rücksicht auf die Kinder. Das Wohlfahrtswesen und der Wirtschaftsstandort, das öffentliche Dienstrecht und die Lage am Arbeitsmarkt verdienen allemal mehr Aufmerksamkeit und stärkere Zuwendung als das, was

Kinder brauchen. Sie sind die Letzten, und die werden von den Hunden gebissen.

Der Beitrag, den der Staat zur Bildung und Erziehung von Kindern leistet, ist begrenzt; in diesen Grenzen allerdings entscheidend. Wie er den Rahmen setzt, womit er lockt, was er erlaubt und was er verbietet, davon hängt eine ganze Menge ab; auch das hat PISA eindrucksvoll bewiesen. Kaum war die Studie erschienen, ließen sich die Staatsvertreter mit der Botschaft vernehmen, sie fühlten sich zum Handeln aufgerufen. Für diesmal soll die Antwort Ganztagsschule heißen. Vier Milliarden Euro will allein der Bund für diese Schulform ausgeben, die Länder dürfte es ein Mehrfaches davon kosten. Auch dies Geld dient jedoch, wenn es denn je zusammenkommt, nicht eigentlich der Schule und den Kindern, sondern den Berufswünschen ihrer Eltern. Beruf und Familienleben sollen miteinander vereinbar gemacht werden, darüber sind sich alle Parteien einig. Über die Grenzen, die dieser Vereinbarkeit mit Rücksicht auf die Kinder gezogen sind, hört man jedoch nur wenig. Anstatt den Kindern die Chance zu geben, in die Belastungen, die das Leben mit sich bringt, allmählich hineinzuwachsen, sucht man nach einer Lösung im deutschen Stil, einförmig und flächendeckend. Die Ganztagsschule ist etwas für ältere Kinder; in den unteren Schulklassen sollte sie Ausnahme bleiben, im Grundschulalter ist sie unerwünscht. Ähnliche Unterschiede wären zwischen Kindergarten und Kinderkrippe zu machen. Doch gerade dafür, für Augenmaß und Rücksicht auf Belastbarkeit, lässt der Ruf nach Ganztagsbetreuung für Kinder von null bis sechzehn Jahren, wie er vom Verband allein erziehender Mütter und Väter erhoben wird, keinen Raum.

Nachdem Durchlässigkeit, die zentrale Forderung der

Reformbewegung, durch neue Übertrittsregeln und ein reiches Angebot an Abendgymnasien und Berufsakademien garantiert ist, hat sich die Gesamtschule erledigt. Kein Spätberufener wird heute um den Aufstieg durch Bildung nur deshalb betrogen, weil er die falsche Schule besucht hat. Die Schwächen des gegliederten Systems zeigen sich eher in umgekehrter Richtung, nicht im versperrten Aufstieg, sondern im allzu schnellen Abstieg, in der Durchlässigkeit nach unten. In den oberen Etagen der Schulhierarchie hält man es für ein Gewohnheitsrecht, schwierige Fälle auf die nächstniedrigere Stufe abzuschieben, vom Gymnasium in die Realschule und von dort auf die Hauptschule oder die Sonderschule für Lernbehinderte. Würden sie dort das Maß an Unterstützung finden, das ihnen vorher abging, wäre dagegen wenig einzuwenden; doch davon kann nach allem, was man weiß und was durch PISA noch einmal bestätigt worden ist, keine Rede sein. Dieser besonderen Schwäche des mehrfach gegliederten Schulwesens wird man im Wege der Ganztagsbetreuung nur dann beikommmen, wenn die Schule mehr bietet als das Elternhaus. Was hoffentlich sehr oft, aber doch nicht immer der Fall sein wird. Der umgekehrte Fall, das Elternhaus, in dem die Kinder mehr Anregung erfahren als in der Schule, wäre ja auch denkbar; auch wenn er im Weltbild der Ganztagsbegeisterten von Links und Rechts nicht vorgesehen ist.

Wenig erstrebenswert sind Zustände, wie sie im englischen und amerikanischen Bildungswesen, teilweise wohl auch in Frankreich herrschen. Dort existieren neben oder besser gesagt: über einem öffentlichen Schul- und Hochschulangebot Privatschulen und private Universitäten mit hohem Anspruch und hohen Gebühren für diejenigen, die sich das leisten können. Der Bildungsunternehmer als erste, der Staat als zweite Adresse: Anzeichen dafür, dass es so weit kommen könnte, gibt es inzwischen auch in Deutschland, und sie werden sich stärker bemerkbar machen, wenn das öffentliche Angebot weiterhin verkommt. Das Grundgesetz hat eine solche Entwicklung nicht gewollt, denn es hat Vorschulen aufgehoben und den Betrieb weiterführender Schulen in privater Hand von der Voraussetzung abhängig gemacht, dass eine Sonderung der Schüler nach den Besitzverhältnissen der Eltern vermieden wird. Diese Vorschrift ist vernünftig, weil es eine Zeit geben sollte, in der alle Kinder, ohne Rücksicht auf Herkunft und Vermögen, auf Vorbildung und Glauben, gemeinsam lernen. Das traurige Schicksal von Immigrantenkindern, die von falschen Freunden dazu überredet worden sind, ihr Sonderbewusstsein zu kultivieren, hat gezeigt, wie hoch der Preis für die misslungene Integration ist.

Wann sich die Wege trennen, lässt sich nicht ein für alle Mal entscheiden, und wirklich sehen die einzelnen Länder in dieser Sache ja auch ganz verschiedene Zeitpunkte vor. Das Prinzip der Auswahl, von seinen Feinden Selektion genannt, fehlt aber nirgends, schon gar nicht in Amerika und Japan, wo schon der Kindergarten darüber entscheidet, ob man nach Harvard oder Kyoto kommt. Fördern und Auslesen sind eben, anders als die Einheitsideologie das wahrhaben will, keine Gegensätze. Das ist und bleibt der Grund für die Stärke differenzierter Schulsysteme mit halbwegs leistungshomogenen Klassen, wie sie in vielen Bundesländern üblich sind. Unterschiede gibt es auch dort, und sie sind groß genug, um den Schülern Gelegenheit zum sozialen Lernen zu geben. »Hier ist ein Pferd, das immer doppelt Futter braucht«, schrieb ein Lehrer über den jungen Lessing, nachdem er ihn im Internat von Schulpforta kennen gelernt hatte. Und Pforta war schon damals eine Eliteschule, die nur die Besten nahm.

Die Grundsätze einer vernünftigen Bildungspolitik sind bekannt, man muss sie sich nicht neu ausdenken oder vom Ausland, wo alles anders ist, abschreiben. Wer nach Beispielen sucht, wie man es besser oder schlechter machen kann, findet sie in den PISA-Bänden. Das meinte Roman Herzog, als er davon sprach, die Deutschen litten nicht unter dem Mangel an Erkenntnissen, sondern unter einem Vollzugsdefizit. Die Schule taugt nicht zur Probebühne für die permanente Revolution, sie braucht Beständigkeit und Verlässlichkeit. Ein Lehrer, heißt ein alter Merksatz, sei so lange ein guter Lehrer, wie er seine eigene Schulzeit nicht vergessen habe; von Eltern lässt sich wohl dasselbe sagen. Um für die Kinder da zu sein, ihre Fragen zu verstehen und zu beantworten, müssen sie sich in dem, was Kinder erleben und erleiden, wiedererkennen. Das werden sie aber nur dann können, wenn ihnen die Erinnerung an die eigene Jugend durch den galoppierenden Fortschritt nicht immer wieder ausgetrieben wird. Die Neophilie, die Neuerungssucht, hat nirgendwo hässlichere Blüten getrieben als in der Pädagogik; überflüssigere freilich auch nicht. Die Deutschen haben sich einiges erlaubt, um das Verhältnis zwischen den Generationen zu belasten. Jetzt werden sie einiges unternehmen müssen, um es wieder gut einzurichten. Denn daran hängt nun einmal ihre Zukunft.